T0368603

(W)HOLE in ONE

HOYO en UNO

DEBBIE TORRELLAS VILLA LMT,RYT,ATI

Puede hacer pedidos de libros de Balboa Press en librerías o poniéndose en contacto con:

Balboa Press
Una División de Hay House
1663 Liberty Drive
Bloomington, IN 47403
www.balboapress.com
844-682-1282

Debido a la naturaleza dinámica de Internet, cualquier dirección web o enlace contenido en este libro puede haber cambiado desde su publicación y puede que ya no sea válido. Las opiniones expresadas en esta obra son exclusivamente del autor y no reflejan necesariamente las opiniones del editor quien, por este medio, renuncia a cualquier responsabilidad sobre ellas.

Las personas que aparecen en las imágenes de archivo proporcionadas por Getty Images son modelos. Este tipo de imágenes se utilizan únicamente con fines ilustrativos. Ciertas imágenes de archivo © Getty Images.

ISBN: 979-8-7652-4537-8 (tapa blanda)
ISBN: 979-8-7652-4536-1 (libro electrónico)

Número de Control de la Biblioteca del Congreso: 2023917690

Información sobre impresión disponible en la última página.

Fecha de revisión de Balboa Press: 10/08/2024

ÍNDICE

PRÓLOGO

Este proyecto tan singular nace del propio protagonista del libro, José René Collazo, o Jose, como le dicen todos lo que lo aprecian de verdad; un deportista profesional que logró vencer enormes desafíos durante toda su vida para llegar a donde ha llegado hoy. Su sueño, desde muy niño, fue hacerse instructor profesional de golf. Y, pese a las limitaciones físicas y cognitivas que enfrentó desde su nacimiento, se fijó una meta clara de usar el deporte que siempre le apasionó como plataforma para que otros como él pudieran encontrar el mismo propósito, aliento, diversión y *buenas vibras* que él encontró en el golf.

Haciendo honor al deporte que impulsó a nuestro protagonista, se entrelazan a lo largo de toda esta historia diversas referencias al golf, ya que ha sido este juego el que ha moldeado la vida de Jose. Para poner en contexto estas reseñas golfistas y cómo se relacionan a la vida de José René, presentamos aquí un breve glosario de los términos utilizados en este libro y una corta explicación de cada uno para que se entienda más claramente cómo cada expresión guarda referencia a esta inspiradora historia de superación.

Incluimos solamente los términos de golf que aparecen en este libro con el claro entendimiento que son sólo una pequeña muestra del amplio vocabulario que se utiliza en este hermoso deporte. Siendo un juego de origen escocés, los términos se utilizan en inglés, y así los aprenden sus aficionados.

Comenzamos con el título del libro, *Hole In One* – Hoyo en uno. Este término se refiere al tiro más difícil de lograr en el golf. Se trata de meter la bola en el hoyo de un solo tiro desde el saque. Lograr este tiro se considera algo sumamente extraordinario tomando en cuenta el pequeño tamaño de la bola, la distancia que viaja y el diámetro relativamente pequeño del hoyo. De hecho, es tan fenomenal lograr un *hole in one*, que es tradición en los campos de golf y torneos otorgar premios a los jugadores que los hagan. Algunos expertos han calculado que la probabilidad de lograr un hoyo en uno es de 12,000:1, mientras otros indican que podría llegar hasta 25,000:1.

Como observarán, en el título aparece la letra "W" en paréntesis, antes de la palabra *Hole*. Esto se hizo intencionalmente, en referencia a la palabra *whole* en inglés, que significa "completo" o "todo". En cuanto a nuestro protagonista, podemos decir que José René es un ser humano completo, que lo tiene todo, y ha logrado varios *hoyos en uno* en el juego de la vida, desafiando casi milagrosamente retos y obstáculos que muchos creían que tenía pocas posibilidades de vencer.

Seguimos con nuestro glosario en orden alfabético.

Caddies – Plural de *caddy*; persona que acompaña al profesional de golf durante todo el juego. Es un conocedor del golf que está bien familiarizado con el estilo del golfista con quien trabaja. Se asegura que el equipo esté limpio y bien mantenido; asesora al golfista en cuanto al mejor palo a utilizarse para el tiro que vaya a hacer; y se encarga de arreglar cualquier daño hecho al césped después de un tiro. También atiende la bandera en el hoyo cuando se haga el tiro final, recoge la bola del hoyo y pone la bandera nuevamente en su lugar.

Fairway – El campo amplio y abierto, de césped grueso, donde se juega cada tiro hasta llegar al *green*, que es el área verde de césped corto donde se termina de jugar haciendo los tiros finales para meter la bola en el hoyo marcado por la bandera.

Golf Pro – El profesional del deporte que juega en torneos y se distingue por su nivel de juego. Se refiere también al instructor profesional que ofrece lecciones en un club o campo de golf.

Handicap – Es un número o índice que indica cuán hábil es un jugador de golf. Mientras más bajo el *handicap*, más hábil es el jugador, ya que este número indica la cantidad promedio de tiros que un jugador juega por encima del *par*, que es la cantidad mínima de tiros requeridos en cada campo. Por ejemplo, un jugador con un *handicap* de 8, haría 80 tiros para completar un campo con un *par* de 72. En el golf, el jugador con la menor puntuación es el ganador. El sistema de *handicap* se desarrolló hace más de 100 años con el propósito de permitir que jugadores de distintos niveles puedan competir entre sí de manera más equitativa, pues el *handicap* de cada jugador se toma en consideración al calcular la puntuación final, conforme a la cantidad de tiros hechos durante un juego.

Handicap es también el término en inglés para discapacidad, limitación, incapacidad, impedimento. En el caso de Jose, se podría decir que su *handicap* le ha permitido desempeñarse en su vida maravillosamente bien.

Hole 19 – El "Hoyo 19" es un término figurativo en el golf que se refiere a la Casa Club del campo. Se le dice así en broma porque sería el "hoyo" que le seguiría al Hoyo 18, que es el último hoyo que se juega oficialmente. Es en el "Hoyo 19" (la Casa Club) donde los jugadores se sientan después del juego para analizar su *score* (puntuación) y aprender de sus errores, de sus aciertos, de sus mejores y peores tiros, de todo lo que hicieron bien y dónde podrían mejorar. Es el momento más esperado después del juego porque ofrece una pausa celebrativa para brindar, reírse y aprender lecciones oportunas (que también pueden tomarse formalmente fuera del campo con un profesional) dirigidas a mejorar diversos aspectos del juego de un jugador, bien sea postura, swing, balance, tiros, entre otros elementos.

Not Playing by the Book – Jugar sin seguir las reglas del juego, según establecidas en el reglamento oficial. Salirse de la norma y de la rutina usando estrategias alternas.

Open Golf Tournament – Torneo abierto de golf en el que todo golfista es elegible para participar, sin importar su nivel profesional o de amateur. Existen, sin embargo, limitaciones de elegibilidad conforme a las habilidades del golfista.

Rule Book – El reglamento oficial que define las normas, reglas y estipulaciones que rigen la práctica del deporte. Este libro también define la estructura, la ética y elegancia del juego.

Sand Traps – Trampas de arena. Bancos de arena que se encuentran a lo largo del *fairway* que el jugador debe evadir para que la bola no caiga en ellos. Si la bola cae en un *sand trap*, podría costarle al jugador dos o más tiros salir de la trampa, lo que afectaría negativamente su puntuación y su *handicap*. Caer en una trampa de arena es una verdadera molestia para el jugador ya que trastoca su concentración y estima.

Score – Puntuación. En golf, es la cantidad de tiros que hace un jugador en cada hoyo, menos el *handicap* del jugador. Cada hoyo también tiene asignado un *handicap* que también se toma en consideración para determinar el *score* neto del jugador.

Taking the Lead – Tomar la delantera. En un torneo, se refiere al jugador que haya estado en una posición atrasada y finalmente rebasa al jugador que tenía mejor puntuación.

Tee Off – Tiro inicial de cualquier juego o torneo de golf. Es el tiro con el que se comienza a llevar el *score* oficial del juego.

Tee Time – Es la hora oficial estipulada para comenzar el juego y hacer el *tee off*; es la hora cero que cada jugador establece para dar comienzo al juego y poner en práctica todos los preparativos que ha hecho previo a la competencia.

Threesome – Grupo de tres jugadores que se disponen a jugar juntos. Existe también el término *twosome*, referente a un grupo de dos jugadores; y *foursome*, de cuatro jugadores.

Water Hazards – Trampas de agua. Similar a las trapas de arena, son lagos o estanques de agua a lo largo del *fairway* que el jugador debe evadir para que la bola no caiga en ellos, ya que eso le afectaría negativamente su puntuación, su *handicap* y su ánimo.

Who's the Leader? – ¿Quién es el líder [del torneo]? o ¿Quién está en la delantera? Pregunta que se hace comúnmente durante los torneos ya que cualquier jugador puede alcanzar la primera posición según avanza el torneo dependiendo de cómo estén jugado los otros jugadores.

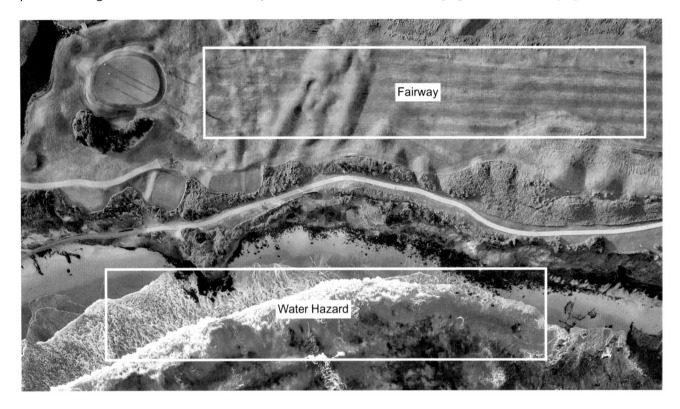

SOBRE LA AUTORA

Debbie Torrellas Villa es sencillamente la madre de José René Collazo Torrellas, el protagonista de *(W)Hole In One*. Es madre también de Eduardo, el hermano mayor y Deborah, la hermana menor de José René.

Amante de su libertad creativa y única, Debbie disfruta de escribir, ejercitarse, meditar, estar en la naturaleza, hacer senderismo, disfrutar del mar y dibujar. Comparte con sus hijos sus pasiones, sueños y valores individuales. Vive dedicada a inspirar, apoyar y transformar vidas a través de sus técnicas complementarias en y fuera del agua. Sus métodos van más allá de los métodos convencionales para que más personas sanen y encuentren su bienestar físico, mental y espiritual.

Es la creadora, fundadora y CEO de **KinFloat® Aqua Wellness Center**, un centro de terapias acuáticas en su isla natal de Puerto Rico, donde ha desarrollado toda una gama de transformaciones salubristas utilizando innovadoras modalidades para tratar a cada cliente de manera holística. **KinFloat® Aqua Wellness Center** es también un centro universitario, conocido como **Aquatic Therapy University – ATU**, donde ella funge como instructora de terapia acuática, y en el cual estudiantes se adiestran y practican en el único recinto de su clase de habla hispana en todos los Estados Unidos y el Caribe.

Debbie posee vasta experiencia como instructora de yoga, comunicadora; coach del programa *Brain Revolution* del Dr. Daniel Amen; instructora acuática; facultativa profesional del *Watsu®* y sus modalidades; y diseñadora de terapias e instalaciones acuáticas. Este trasfondo le permite combinar modalidades de terapias en el agua y en tierra que ayudan a sus clientes a transformar su sistema nervioso, a fin de superar diversas condiciones, tanto neurológicas, ortopédicas y pediátricas, así como de fragilidad y geriatría, músculo-esqueléticas y emocionales. Igualmente, ha diseñado dos programas de terapia acuática específicos. Uno de éstos, la **Terapia Asistida por Delfines,** con colaboración en México y Puerto Rico, conocida como **Escuadrón Delfín®**, capacita a padres y cuidadores como terapeutas para que puedan facilitar y acelerar las destrezas de sus hijos especiales en su propio hogar.

Asimismo, Debbie es autora de los libros Vuela y *The Water Kite Journey,* además de la secuela de éste, titulada: *Get Wet and Heal: The Sequel to The Water Kite Journey.* También es coautora del libro *Raíces y Alas,* en el cual colaboró con una psicóloga para relatar la influencia cultural de las abuelas en la mujer latina moderna.

INTRODUCCIÓN

"Quiero que escribas un libro sobre mí porque yo no puedo. Con ese libro podemos ayudar a los demás y luego hacemos la película en *Netflix* para que la gente la vea". Esto fue lo que le dije a mi madre hace unos años atrás. Parece que la sorprendí porque me preguntó sonriendo: ¿Para qué quieres ese libro? Primero le contesté que podía ser una buena historia, de esas que inspiran a la gente. Realmente, no sé si en ese momento ella entendió que yo le estaba hablando en serio. Yo sabía que ella podía escribir sobre todo lo que yo he vivido y todo lo que ella ha tenido que luchar para darme una vida plena y productiva. Sé que hay muchos en mi isla –y en el mundo– que han tenido experiencias muy similares a la mía y la de mi familia. Mi madre, que es autora, es la persona perfecta para escribir una historia real, que ayude a que más niños se superen, a que no se rindan, y que vivan sus vidas, como siempre digo, "con buenas vibras y amando la vida".

Unos meses después, le repetí a mi madre lo que le había pedido. Se lo dije de nuevo para convencerla de una vez y por todas. Y parece que funcionó, ¡porque empezó a escribir como una demente!

Y aquí estamos ahora con este proyecto dirigido a ayudar a otros padres, hermanos, cuidadores y profesionales que tal vez no tienen la oportunidad de expresar o comunicar lo que verdaderamente pasa detrás de cada hijo o hija con necesidades especiales. Yo entiendo que los padres deben confiar en el proceso del desarrollo óptimo de sus hijos y deben fluir con ese proceso para disfrutarlo más. También sé que los chicos especiales pueden ser emprendedores y buenos negociantes si se les proveen oportunidades. Yo puedo asegurar que mi familia siempre ha sido una gran inspiración en mi vida, y que el espíritu de emprendimiento de mi hermano y de mi hermana (¡y ni hablar del de mi madre!) fue lo que lo me empujó a seguir soñando.

Con este libro, tanto mi madre como yo, queremos abrir las mentes de aquellos que conocen a alguien con necesidades especiales y que han pensado que esa persona no está capacitada para hacer muchas cosas en la vida. La realidad es que esa persona vino a este mundo para ser extraordinaria. Quiero que este relato sea como una película –de *Netflix* o cualquier otra plataforma– que hable de nunca rendirse, de buscar alternativas, de persistir y de mantener siempre la mente positiva para lograr el éxito.

Con esto los dejo por el momento y regreso más adelante a contarles mi historia desde mi punto de vista. A propósito, este libro lo escribió mi madre, con la colaboración de mi hermano y mi hermana, junto a otros ángeles (*caddies*) que ayudaron mucho a mi madre cuando yo era niño. Contribuí al proyecto dando mi apoyo y mis ideas. Lo mío es el golf y escuchar salsa (preferiblemente "de la gorda"), por eso les dejé a ellos lo de escribir.

Ahora, cedo el espacio a mi madre, mis hermanos, mis Titis y todos los que han sido verdaderos *influencers* en mi vida para que ellos les cuenten esa historia que vivieron conmigo durante todos estos años. ¡Qué les puedo decir... sé que yo no he sido fácil, pero así me quieren!

¡Adelante siempre con *buenas vibras*!

José René

CAPÍTULO 1

The José René Open Golf Tournament

La madre cuenta su historia

The Golf Pro
El jugador profesional

Comienzo esta historia hablando de su verdadero protagonista, mi hijo José René Collazo Torrellas. Jose, como le decimos, es un instructor profesional que ofrece lecciones de golf a sus clientes como *Golf Pro*, pero a mí y a toda mi familia nos ha ofrecido grandes lecciones de vida.

A sus 34 años, es un hombre esbelto de 6' 1" de altura, con unos ojos verdes muy grandes, una sonrisa cautivadora, pelo castaño y buena postura. Trabaja en el *Río Bayamón Golf Course & Clubhouse*, donde enseña a grandes y chicos con su pasión inigualable como profesional del deporte. Tiene el carisma de un magnate sin ser pedante y trata a todo el mundo, sin importar su posición, como el más importante. Tiene también una memoria fotográfica impresionante. Siempre tiene algo bueno que decir, elogia a los demás, y su misión es ver a todos contentos a su alrededor. Le sube la moral a cualquiera. Le fascina escuchar a la gente y estar en la tranquilidad del campo de golf. Según él, les enseña a todos sus clientes a disfrutar la vida al aire libre y a ser felices concentrados en una bolita. Sin tener mucho, se siente el más millonario en todos los aspectos de su trayectoria. Lleva una vida abundante y autosuficiente, cómoda y, sobre todo, íntegra y auténtica. José René, el pro de golf, es el mismo donde quiera.

Es gran admirador de Tiger Woods, quien ha sido su inspiración desde pequeño. Su swing, estilo y entrega al deporte era lo que más le cautivaba de Tiger, aunque no sus "malas mañas", como dice Jose. Se entrega en cuerpo y alma en el campo de golf, porque para él, ésa es la mejor terapia del mundo. "¿Por qué no serlo entonces para otros?", piensa.

Sus días comienzan a las 7:00 a.m. en el silencio del campo de golf. Sale con entusiasmo cargando sus palos de golf, sus herramientas de trabajo, que también han sido sus herramientas en el juego de la vida, una que él vive a su manera. Así es su proceder, sencillo y sin agenda. Fluye tranquilamente para jugar su mejor juego día a día. Él observa, escucha y planifica su próxima movida para llegar a su destino, al hoyo al final del *fairway*, donde le espera la bandera. Para

José René, la bandera en cada hoyo significa no tanto el objetivo final, sino la superación de cada tarea; dar lo mejor para llegar exitosamente a una meta con la mejor puntuación posible.

Su vida está llena de los mismos elementos del campo de golf: excelentes jugadores, algunos tramposos y otros que sólo juegan para ser parte de algo; trampas de agua y arena que hay que evitar, pero si caemos en ellas aprendemos la lección y seguimos adelante; un *fariway* que despliega sus curvas igualmente para todos, pero que cada cual lo interpreta a su manera; el calor del sol, el cantar de los pájaros y el soplo del viento que nos invita siempre a meditar y concentrarnos en el juego que vamos a jugar. A su vez, el juego le presenta la estrategia, adaptabilidad y resiliencia que le han permitido desenvolverse y desarrollarse como ser humano.

José René nunca ha dejado que la vida se le escurra entre las manos. Se mueve lenta pero decididamente, sin pedir excusas. Su posición como instructor de golf se la ganó porque luchó como nadie para lograrla, siempre emanando amor y generosidad. Él es siempre él, sin competencia ni comparación. Su mayor temor es hacer algo que no vaya con él, o que sea contrario a sus convicciones. Por eso entiende que no se debe cambiar algo bueno simplemente porque la sociedad dice que hay que cambiarlo.

Vive en la prosperidad y la abundancia porque sus principios y valores se basan en la aceptación y la inclusión, como también en la paz y la felicidad. Interactúa con todos sin importar su profesión, posición o condición, y lo hace siempre con entendimiento y compasión. Es muy selectivo con sus amigos y conocidos, pero conoce a medio mundo y todos, desde el conserje hasta el presidente de la empresa, saben quién es él. Tan es así, que donde quiera que va, bien sea en un restaurante en Madrid, en Toledo, México, en aeropuertos, donde sea, siempre encuentra alguien conocido que lo aprecia. Y en Puerto Rico, ¡ni se diga!

Es un hombre de pocas palabras, pero sus abrazos, sus charlas, y hasta las preguntas que hace le elevan la autoestima a cualquiera. Para él, nada es imposible porque sabe que en un momento lo etiquetaron como alguien que tal vez no tendría un gran futuro, y le ha demostrado a la vida lo increíble y extraordinario que es.

Ha alcanzado un grado de superación personal que muchos nunca logran, y eso le brinda un nivel de conciencia y presencia que le permite vivir el momento con amor e intención. Las personas que comparten con él se sienten a gusto en su presencia, sin preocupaciones. En su entorno, la gente habla más y con más claridad de pensamiento porque él es un maestro en saber escuchar. En uno de sus trabajos, la gente le dice cosas íntimas y él nunca le divulga nada a nadie. Además, se asegura de recordarle a esa persona que no debe preocuparse porque cuenta con mucho apoyo. A pesar de ser muy confidencial, sin embargo, no tiene filtro ninguno, ni pide permiso, cuando se trata de decir algo que se tiene que decir. Casi sin querer, logra que la gente encuentre la respuesta que estaba buscando a una interrogante, y lo hace simplemente con un comentario preciso o una sonrisa sincera. Nunca juzga y perdona siempre.

Él siente y lee emociones, y reacciona a ellas. Sabe que eso causa mucho impacto en la gente, pero él no considera que ese don sea algo que lo haga sentirse orgulloso, ni superior. Él sólo percibe, y lo hace de la manera más natural del mundo. Es como un instinto especial que le permite interpretar energías, una intuición que a veces da miedo. En varias ocasiones, me ha podido decir con gran precisión, y sin tener información previa, si una persona está enferma, a punto de morir, a punto de divorciarse, si tiene algún problema personal, o si no va a durar mucho en su trabajo. De hecho, su tía y él tienen un pacto – si él percibe algo que ande mal con ella, ¡no se lo puede decir a ella ni a nadie! Y él siempre ha cumplido su pacto de silencio con ella, pero a mí sí me dice las cosas que percibe, especialmente si se trata de gente que él aprecia.

No tiene una agenda personal y confía plenamente en que tiene todo lo que necesita. Nunca ha sentido la necesidad de "pertenecer" socialmente porque sabe que es único, especial y diferente. ¿Para qué preocuparse por el ego cuando la abundancia viene de adentro, del alma? Desde su adolescencia, siempre ha dicho con gran orgullo: "Yo amo mi vida."

Para él todo está perfecto. No importa el lugar, la circunstancia o la situación física, él ve una oportunidad para encontrar la felicidad. Le molesta cuando escucha a personas, especialmente a sus hermanos, quejándose y preocupándose por cosas que no tienen gran importancia, o cargando con pensamientos negativos, o con resentimientos por cosas del pasado. El pasado para Jose es simplemente información innecesaria. El futuro es lo único que cuenta y soñar con un futuro perfecto es lo que atrae lo bueno. Por eso vive cada minuto como el más preciado.

Su amor es infinito y constante. Y su inocencia e ingenuidad son tan grandes como su compasión y, especialmente, su sabiduría.

Podemos resumir que José René es un alma bendecida y un ser de luz.

The Rule Book
El libro de reglamentos

El golf tiene un reglamento oficial que define las normas, reglas y estipulaciones que rigen la práctica del deporte. En la vida, también podemos encontrar varios libros de reglamentos que bien pueden darnos dirección, establecer normas y definir pasos a tomar. Igualmente pueden darnos una idea de las "reglas" que no tienen sentido, que no deben aplicar a nuestra situación particular y que debemos reescribir.

Sí, admito que cuando hablo de José René sueno a una madre orgullosa que se desborda de elogios por su niño, aunque ya sea un hombre hecho y derecho. Pero es la pura verdad. Estoy más que orgullosa de él y si lo conocen, verán que es un ser humano tan o más maravilloso de lo que yo describo.

Por eso decidí finalmente hacerle caso, acoger su idea "descabellada" y escribir el libro que me pidió. Aprovecho aquí para agradecerle a José René su insistencia y afirmar que escribir este libro ha sido un maravilloso proceso de sanación personal y para toda mi familia, uno que ha servido para unirnos más que nunca.

Si bien es cierto que José René ya tiene su vida hecha, con sus buenos trabajos, su grupo de amistades y conocidos, y sus actividades extracurriculares, es igualmente indudable que no fue fácil poder ayudarlo y dirigirlo a alcanzar todo el éxito que goza hoy. Como podrán imaginar, desde que nació, José fue catalogado como extraño, raro. Luego se intentó minimizar su existencia diciendo que padecía de un rezago neurológico con múltiples discapacidades. Más adelante, se le llamaba "niño con necesidades especiales", y hasta su neurólogo sentenció la existencia de nuestra familia diciéndonos: "Hagan lo que puedan, despídanse del mundo que conocen, y dedíquense a ofrecerle calidad de vida."

Ése era el recuento que había empezado a escribir. La historia del coraje, la rabia y la frustración de enfrentar ese gran reto. Dejé el escrito a un lado porque entendí que no quería hablar de ese dolor, de esa angustia de ver a un ser humano marginado en mi entorno. Casi borro todo el documento que ya había redactado, pero decidí esperar para darme tiempo a reorganizar mis pensamientos y mi alma.

Entonces, hablando con amistades, clientes y familiares sobre el proyecto, fui recibiendo el apoyo que necesitaba para continuar. Todos me reafirmaban que la trayectoria de éxito de José René había que contarla. Era una gran oportunidad para exponer la presión social que sufren esos seres especiales, junto a sus padres, hermanos y familiares. Asimismo, esta historia podía mostrar que cuando existe la buenaventura de contar con la presencia de fuerzas externas, de una armada de ángeles que nos acompaña en el proceso para aliviarnos la carga, nos damos cuenta de que sentimos alivio porque la carga se va distribuyendo entre toda esa tribu. Igualmente, este relato ayudaría a exponer cómo se hace patente la ineptitud de algunos sistemas médicos, educativos, deportivos y terapéuticos cuando consideran que la persona con necesidades especiales es sólo otra más con poco potencial.

Decidí cambiar el tono del discurso y el enfoque del libro. Quise, en vez, compartir aquí el entendimiento que nos brindan estas lecciones, estas vivencias. Mi intención es dar a conocer que esos seres que llamamos "especiales" son verdaderamente únicos e incomparables. Con estas palabras, quisiera abrir almas y corazones, y generar compasión. De igual manera, aspiro a motivar a todo el que esté luchando para sacar a sus hijos adelante. Quisiera inspirarlos a que sigan siempre adelante pensando y actuando positivamente, porque todo es posible en esta vida cuando hay voluntad y, en especial, cuando internalizamos que todos nos merecemos vivir una vida plena.

Tee Time & Tee Off
Planes para el bebé y cuando finalmente nace el niño

Antes de cualquier juego de golf, todo jugador tiene en mente el *tee time*, la hora estipulada en que se reunirá el grupo que jugará ese día. Previo al *tee time*, los jugadores se preparan mentalmente, practican su swing, y planifican su estrategia del juego. Entonces, cuando llega el *tee off*, el primer tiro que da comienzo oficial al juego, los jugadores ya sienten que tienen al menos una idea, una expectativa, de cómo se desarrollará el partido.

Esa preparación, esas expectativas, se experimentan de manera similar cuando se trata de esperar la llegada de un recién nacido. Cunde el pánico y la emoción, todo parece algo confuso, y la vida empieza a mirarse de manera muy distinta. Así se siente una futura madre cuando comienza a pensar sobre el futuro del bebé que lleva en su vientre. Todas soñamos que traeremos al mundo a ese gran ser humano del futuro, lleno de inteligencia, vigor, salud y éxito. Que todo será estupendo y que el embarazo es la experiencia más maravillosa del universo. La vida es bella, todo es perfecto y nos cuidamos, comemos, dormimos, hasta nos ponemos gordas y no nos importa, porque estamos en esa bendita etapa de procrear una vida.

Bueno, sí, pero ni tanto.

Tener un hijo es una gran aventura, ¡algo así como sobrevivir en una jungla sin tener adiestramiento previo, ni manual de instrucciones! Como dice Forrest Gump en la película preferida de José René y el personaje con quien se identificaba de niño: *"La vida es como una caja de chocolates, nunca sabes lo que te va a tocar."* Uno siempre espera lo mejor, pero en realidad uno no sabe lo que le va a tocar; qué animal salvaje pueda estar escondido detrás de los arbustos, listo para atacar. Además, eso de sentirse mal todas las mañanas, dejar la fiesta por nueve meses, comer las cosas más extrañas que te puedas imaginar; rechazar comidas que antes te encantaban porque te dan asco; y tener ánimos y pensamientos volátiles por culpa de las hormonas, pues seamos honestas, nada de eso es simpático en lo absoluto.

Pero, aun así, nos emocionamos a cada paso del proceso. Cada semana del embarazo nos llena de felicidad, amor, y hasta nos encanta sentirnos con náuseas. Y la familia se une a esa emoción, y empezamos a planificar el *baby shower*, el bautizo, el primer cumpleaños, los ahorros para la carrera universitaria del bebé, etc.

Nos envolvemos en toda esa fantasía sobre la maternidad que a veces parece ridícula... hasta que nace el bebé. Es entonces cuando esa nueva vida comienza a llenarnos de amor y pura felicidad, y nuestra existencia se altera de maneras que jamás esperamos. La aventura que nos imaginamos se convierte en realidad. Como por acto de magia, salimos a atravesar esa jungla, valientes, sin mapa ni brújula, a darle a ese niño todo lo que necesite para su bienestar.

Cada nacimiento es diferente. Eso lo sabemos las que hemos tenido más de uno. Cada hijo llega con su propia personalidad, sus propias manías, su estado de salud individual, y sus necesidades y gustos particulares. Yo tuve tres, Eduardo, José René, y Deborah, cada uno diferente, único y extraordinario. Fue una verdadera satisfacción haberlos criado como lo hice, casi sola, con determinación, esfuerzo y alegría.

Pero la satisfacción de criar a José René fue una muy distinta, a veces agobiante, difícil, como también de mucha felicidad y crecimiento espiritual. Él me dio a entender, desde su primer segundo de vida, que en el amor no existen límites ni barreras. Fue un ángel especial que vino a despertar mis mejores instintos humanos y me hizo progresar como persona mientras lo veía crecer y lograr sus metas. Encendió en mí la llama del apoderamiento y me hizo ver que se puede ser una buena madre (o un buen padre) sin tener uno que echar a un lado su carrera, ni su vida personal, ni sus sueños.

Sand Traps and Water Hazards
Retos iniciales y constantes

Los campos de golf están llenos de trampas de agua y de arena a lo largo de cada *fairway*. Están ahí para mostrarnos cuántos desafíos, cuánto peligro podremos encontrar en un hoyo, o en todo el campo. Esas trampas nos mantienen enfocados en nuestro juego porque no queremos caer en ellas; no queremos que nos penalicen con puntos adicionales y no queremos que la frustración de caer en ellas nos desaliente o nos desanime a dar lo mejor de nosotros en cada momento. Son retos que nos hacen fijarnos en lo importante, en la meta, en la bandera al final del hoyo. No obstante, si caemos en alguna trampa, sabemos que ciertamente será un contratiempo, pero siempre seguiremos jugando.

Tal parece que los niños especiales llegan al mundo con una agenda secreta dirigida a transformar las vidas de todos los que les rodean. Parece que vienen a hacernos caer en trampas que nos van a obligar a prestar más atención a los tiros que hacemos. ¡Es algo insólito y maravilloso al mismo tiempo!

No hay duda de que todo tiene su propósito, y por eso tenemos que estar listos para aprender las lecciones de la vida, aprender a salir de las trampas de agua o arena y seguir adelante. Así que, a todos esos padres y madres que están criando niños con necesidades especiales, los invito a llenarse de fe. Los animo a acercarse como nunca a su grupo de apoyo (los *caddies*, como les llamo en este libro) que siempre ayudan en situaciones difíciles. Los exhorto a cultivar su relación con su ser interior, y a mantenerse conectados a diario con esa fuerza que le brinda energía positiva a toda su familia.

Como terapeuta acuática y coach de vida, les recomiendo este ejercicio. Escriban en un papel (o en su computadora o móvil) una experiencia que hayan tenido con su hijo o hija, y describan esa experiencia con lujo de detalle. Cuando terminen, lean lo que escribieron y encontrarán ahí una lección, o al menos un atisbo, de amor y fe. Y, si después de leerlo aún no ven una luz positiva, vuelvan a escribirlo y verán que esa luz está ahí. Este proceso los ayudará a auto-validarse y a auto-conectarse con las vibras positivas que todos necesitamos.

Los niños con necesidades especiales, no importa su condición, tienen magníficos rasgos y características orgánicas, las cuales sus hermanos, padres y familiares pueden emular para estar más a tono con sus propias vidas. Estos niños son héroes guerreros desinteresados y llenos de amor, que luchan como nadie para lograr cosas que muchos las consideramos fáciles, pero que para ellos parecen imposibles. Si todos pudiéramos ser más como ellos, sé que nuestras vidas cambiarían para bien.

En varias ocasiones, cuando me sentía abrumada o con estrés, miraba a mi hijo y me decía: "Hoy quiero ser más como él" o "¿Qué haría él si tuviese las oportunidades que yo tengo ahora?" Con ese ejercicio espiritual y mental, mi perspectiva cambiaba de inmediato, me llenaba de positivismo y todo lo que hacía durante el día, aún si no resultaba perfecto, se sentía fenomenal.

Los niños especiales, además de guerreros y luchadores, son también seres de luz y amor. Llevan una vida de felicidad, aceptación, relajación, perseverancia y cariño. Al interactuar con los que yo he conocido en mi práctica profesional, me he dado cuenta de que los que menos hablan, nos enseñan a escuchar mejor, a sentir más. Y si llegan a hablar tanto como lo hizo el mío, ¡te pueden asombrar de maneras insospechadas! Son como esponjas de información y te comunican con mucha sabiduría todo lo que han escuchado, aprendido o comprendido. Lo que nosotros vivimos, ellos lo observan, lo procesan, y deciden basado en ello. Y el día menos esperado, como por acto de magia, te dejan saber que estaban más presentes de lo que tú imaginabas.

Volviendo nuevamente a los retos que conlleva criar niños con necesidades especiales, les aseguro que mi bello José René llegó con varios bultos repletos de ellos.

La saga comenzó en la sala de parto. El papá de Jose, que estudiaba medicina y me acompañó durante el nacimiento, había puesto música de Rubén Blades para que el niño naciera en un ambiente de fiesta. ¡Estoy segura que eso fue lo que dio pie a la pasión de José René por la salsa gorda!

Pero el parto no resultó ser tan "de fiesta" como se anticipaba. Mi recién nacido no lloró cuando llegó al mundo, ni siquiera emitió un gemido cuando salió de mi vientre. El silencio que se apoderó de esa sala era ensordecedor. Las enfermeras susurraban, no se escuchaban los instrumentos electrónicos y los médicos sólo se miraban tratando de no reaccionar. Totalmente desesperada por saber qué ocurría, grité con toda mi alma exigiendo una respuesta. ¿¿¡¡Por qué no está llorando!!?? Hasta el padre del niño, siendo estudiante médico, quedó anonadado con mi reacción. Fue entonces cuando se oyó a José René emitir un leve sonido, breve y en un tono muy tenue. ¡Estaba vivo!

Exhausta por todo el proceso, caí rendida en la cama y dormí hasta las 5:00 a.m. del día siguiente. Yo pensé que sólo había tomado una corta siesta, y cuando desperté, pedí ver a mi hijo para comenzar a amamantarlo. No estaba en la habitación. Su padre, que también se había quedado dormido, salió corriendo por todo el hospital a preguntarles a las enfermeras dónde estaba. Nadie parecía saber nada del bebé Collazo Torrellas. Finalmente, José René apareció en la Unidad de Cuidado Intensivo Neonatal (UCIN).

¿Qué hacía mi bebé en la UCIN? ¿Por qué lo trasladaron ahí? Una de las explicaciones era que el niño había aspirado líquido amniótico y desarrolló una infección por meconio (ingesta de desechos metabólicos). Sospechamos de ese razonamiento de los médicos porque esas infecciones sólo ocurren en un 5 % a 10 % de los nacimientos. (Fuente: www.johnhopkinsmedicine.org) Más tarde, nos enteramos que, cuando lo estaban alimentando esa noche –sin nuestro consentimiento–, tragó agua y por poco se ahoga. A todo esto, se añade la preocupación de los médicos por el aspecto físico del recién nacido y los comentarios que hacían, algunos muy peyorativos, por la deformación de su cabeza y otras de sus características.

Aquí hago una pausa para confesar que, en parte, tenían razón. Cualquiera que hubiese visto a José René entonces se hubiese alarmado. ¡La verdad es que parecía un personaje de la película *Aliens*! Era tan extraño, que comencé a compararlo con sus abuelos de parte de padre; de parte de mi familia, ¡jamás! Todos hemos sido culpables de esto en algún momento. ¡A veces hay que echarles la culpa a los genes para justificar la realidad!

Pero fuera de bromas, la verdad es que los comentarios de los médicos me molestaron mucho y se quedaron grabados en mi mente. En esa época, muchos especialistas, pediatras, y neonatólogos, cuando no encontraban una etiqueta para identificar un síndrome, siempre sospechaban de alguna "condición extraña" que padecía el paciente. A mí no me importaban las etiquetas. Yo estaba exhausta, desgastada y sólo quería llevar a mi hijo a casa para empezar a amarlo tal y como era, tal y como se merecía.

No fue así. Se tuvo que quedar una semana en la UCIN, donde lo bombardearon con antibióticos que, a fin de cuentas, resultaron innecesarios. Tener que dejar a su recién nacido en el hospital es una de las experiencias más horrendas que una nueva madre pueda vivir. La preocupación, la incertidumbre, las dudas se apoderan de uno. Esas cortas visitas a la UCIN no fueron nada divertidas y, después de lidiar con la insensibilidad y negligencia del lugar, se activó en mí ese radar interno que me ha permitido detectar al instante lo que en realidad beneficia o no a José René.

Finalmente, el niño llegó a casa. Aunque los doctores no sabían lo que padecía –que si era ciego, que si no respondía, que si era raro–, yo veía un bebé alegre, calmado, adorable, con una energía inmensurable que emanaba un no sé qué de grandeza. ¡Era único! Más adelante, tras múltiples citas con especialistas, sub-especialistas pediátricos, neurólogos y otros, se diagnosticó a José René con *craneosinostosis*, una deformación del cráneo que requeriría cirugía antes de los tres meses de edad para evitar daños cerebrales.

Estuvimos esos tres meses planificando la cirugía de José René, buscando el mejor hospital y los mejores médicos que pudieran atenderlo. Durante este proceso, a veces sentía que estaba por dar a luz de nuevo, como si se tratara del segundo nacimiento del niño. Era casi imposible desprenderse de la ansiedad, de esperar lo mejor, de pensar que algo pudiera salir mal, de vivir esa ilusión de que mi hijo tendría una segunda oportunidad.

Tuvimos la gran fortuna de encontrar al Dr. Luis Schut en el Children's Hospital de Filadelfia. El Dr. Schut (q.e.p.d.) fue pionero en el tratamiento de condiciones congénitas anómalas del sistema nervioso, además de ser experto en el manejo de traumas craneales pediátricos, en el tratamiento de hidrocefalia y en operaciones de tumores del cerebro. Fue como si un ángel se cruzara en nuestro camino. Era el médico ideal para José René. Un ser humano excepcional, cómico y sínico al mismo tiempo, nos habló con mucha claridad y una certeza que nos hizo sentir que la operación sería tan fácil como sacar un diente de leche, pese a lo traumática y complicada que era en realidad.

Cuando el bebé salió de su cirugía, su cabeza era del tamaño de un impresionante globo multicolor de 17 pulgadas de diámetro, y su cuerpecito parecía la cuerda atada al globo. Daba la sensación de que su cabeza estaba a punto de explotar. De hecho, el Dr. Schut, con su sentido de humor tan único, nos dijo en broma que el niño ¡ahora iba a necesitar una cirugía plástica para que se viera más lindo! Resentí un poco ese comentario, pero le estaba tan agradecida por todo lo que había hecho por nosotros que le acepté la gracia.

En realidad, el niño que salió de ese procedimiento no era el mismo que entró a la sala de operaciones. Cuando vi la cicatriz, de lado a lado de su cabeza en forma de tiara, y la sangre color violeta, verde y azul –casi psicodélica– que le circulaba a flor de piel, sentí pena en mis entrañas. Al mismo tiempo, me percaté que el niño estaba tranquilo, relajado, durmiendo en paz.

En ese momento, yo no sabía por qué el niño estaba tan quieto y sosegado, pero hoy sí sé. Ese globo, en algún momento durante la anestesia o la cirugía, llegó a tocar el Cielo y regresó a la Tierra con la energía perfecta para enseñar, vivir, compartir y amar. ¿Cómo lo sé? Porque el propio José René, cuando ya era más grande, me verbalizó ese viaje sin saber de dónde le venían las imágenes.

De ahí en adelante, durante su desarrollo como infante, niño, adolescente y adulto, los retos continuaron, y la lucha por vencerlos parecía interminable. Sólo voy a enumerar algunos de ellos para pintar un cuadro general con el que muchos padres que han criado, o están criando, niños especiales se podrán identificar.

- Su habla llegó tarde y era confusa. No mencionaba nombres y hacía sonidos y efectos especiales para expresarse. No te miraba a los ojos y a veces no respondía a su nombre.

- Sus destrezas ambulatorias se desarrollaron tarde. Era torpe, no controlaba sus pies, no tenía balance, tenía bajo tono muscular (hipotonía), se caía mucho y se golpeaba la cabeza cuando se caía. No sabía controlar su fuerza.
- Cuando era bebé, no podía seguir objetos en movimiento con la vista. Por eso los médicos diagnosticaron que era ciego, pero yo sabía que eso no era cierto.
- Mordía mucho y se pasaba mordiendo al perro, hasta que un día el perro se cansó ¡y lo mordió a él en la barriga!
- Casi no dormía de noche, especialmente cuando se le cambiaba su rutina. Esto lo hacía sentirse miserable por días.
- No estaba integrado sensorialmente. Su umbral del dolor era cero y muchas veces se golpeaba la cabeza a propósito.
- Hablar con él era como perder el tiempo; parecía siempre estar perdido en el espacio. Sin embargo, reaccionaba muy bien al tacto. La mejor manera de comunicarse con él era tocándolo y acariciándolo, dándole así dirección y sentido de presencia.
- No se integraba socialmente y no jugaba con otros niños, se aislaba.
- Enseñarlo a ir al baño por su cuenta fue un desastre, pero finalmente lo logró.
- Se enfermaba mucho, tenía infecciones de oído constantes y sufría ataques de asma.
- Alimentarlo era un desafío diario. No comió sólidos durante sus primeros cinco a seis años; prefería todo majado. Más adelante, comenzó a comer arroz, pero ningún tipo de carne. Su gusto por las compotas de bebé le duró hasta los 12 años.
- Era hiperactivo, y por eso era un riesgo dejarlo solo; había que supervisarlo cada minuto.
- Por su hiperactividad, resultaba muy difícil encontrar gente que lo cuidara cuando nos surgía un contratiempo.
- Los doctores no mostraban mucha fe en su recuperación, por lo que se hacía difícil que le ofrecieran terapias efectivas.
- Y fue cuesta arriba encontrar instituciones educativas que pudiesen darle la enseñanza que necesitaba; el Departamento de Educación se negaba a matricularlo en el sistema.

Podríamos seguir enumerando luchas y desafíos, pero creo que ya tenemos una idea de lo que conlleva criar un hijo con tantas necesidades.

Jose pudo eventualmente superar estas dificultades a base de todo tipo de terapia – del habla, de movimiento fisioterapéutico, ocupacional, educativa, psicológica y otras que logré encontrar viajando por todo Puerto Rico. En aquel momento, los especialistas se concentraban en los pueblos grandes. Fueron tratamientos, tanto tradicionales como alternativos, dados por especialistas individuales e instituciones especializadas que trabajaron maravillas con él.

Claro está, todos sabemos que cada caso es único y las terapias tienen que ser individualizadas para la persona que las reciba, según la condición que se quiere tratar. Lo que funciona para unos, muy posiblemente no sea lo correcto para otros. Y los resultados finales varían según la persona, su grupo de apoyo, el terapeuta y la gravedad del caso, entre otro sinnúmero de factores.

Ciertamente, no es nada fácil evitar todas estas *sand traps* y *water hazards*. Pero reitero que, con amor, paciencia, insistencia, fe, perseverancia y vibras positivas, todo se puede.

Who's the Leader?
¿Quién lidera a quién?

En el golf, se hace comúnmente la pregunta de quién va en la delantera, quién es el líder del juego o torneo. Esto se debe a que cualquier jugador puede alcanzar la primera posición según avanza el torneo y dependiendo de cómo estén jugado los otros jugadores.

En el juego de la vida, a veces me pregunto si yo en realidad logré ayudar a Jose a salir adelante, o si fue él quien me ayudó a mí a superarme como persona, como madre, como ser humano, como espíritu. ¿Fui yo la líder, o fue él quien tomó la delantera?

Antes de que él naciera, dedicaba la mayor parte de mi tiempo a vivir una vida próspera y sana, tanto personalmente como para mi familia. Tenía un marido que estudiaba medicina, un niño pequeño bello, saludable y activo, un excelente ambiente de trabajo con una jefa y compañeros excepcionales, sueños y planes para el futuro, además de muchísimas ilusiones.

Pero todo eso tomó un giro totalmente distinto tan pronto José René llegó a nuestras vidas. Me distancié de aquellos sueños, planes e ilusiones porque la situación del momento exigía mi presencia total. Tenía que convertirme en la mejor madre, con el mejor talento para ayudar a ese niño a tener una vida plena. Mi compromiso ahora sería con sus necesidades y no tanto con las mías. Mi propósito y mis esfuerzos ahora se tenían que centrar en el proceso de ayudarlo a superar diversos diagnósticos neurológicos. Tenía que saber, definir, entender lo que estaba enfrentando y necesitaba una respuesta precisa, una solución certera, una guía para dirigirme en la dirección correcta.

Poco a poco, mientras corrían todos estos sentimientos por mi mente, mi cuerpo y mi alma, me percaté de que, gracias a José René, comenzaba a aceptarme a mí misma, a ser tal y como yo era. Empecé a valorar más mi existencia, a ver con mayor claridad mi propósito en la vida y mi amor por ella.

¿Quién ayudó a quién? Mientras más lo pienso, más me convenzo que ha sido un magnífico viaje de crecimiento para ambos y ninguno de los dos hubiésemos logrado lo que hemos alcanzado sin la presencia del otro.

Not Playing by the Book and *Taking the Lead*
Protegiendo el *handicap* con visión de progreso

En cualquier deporte, y hasta en la propia vida, a veces hay que salirse de la norma establecida, hay que pensar más allá de los límites impuestos para lograr un objetivo y ver que existe la posibilidad de ganar, de salir adelante. En el golf, las reglas son muy estrictas, pero siempre existen estrategias fuera de lo esperado que se pueden aplicar para proteger el *handicap* que uno tenga. Por ejemplo, se puede utilizar un palo distinto para hacer un tiro que normalmente se hace con un palo específico. Se puede tomar una penalidad tras caer en una trampa y luego jugar más agresivamente. Se puede jugar el tiro decididamente desde la trampa para no tener una penalidad, o se puede hacer un tiro que gire hacia la derecha o la izquierda, cuando se espera que uno haga lo contrario en esa situación. Las estrategias para jugar fuera de las normas establecidas son múltiples. Y, cuando se trata de resolver cosas en nuestras vidas, para mí, salirse de la norma ¡siempre se justifica!

Durante el desarrollo de José René, aprendí que encontrar un proceso terapéutico que funcione bien es una tarea ardua. Muchas veces, la calidad y disponibilidad de los servicios de terapia física, del habla y otros, son deficientes, limitadas o inexistentes. Me di cuenta de que, en Puerto Rico, la mayoría de los limitados servicios terapéuticos se encontraban en el área metropolitana de San Juan, o en municipios más grandes como Caguas, Ponce o Mayagüez. Viajé muchísimo con José René de costa a costa para darle las terapias que necesitaba. Igualmente, vi cómo los sistemas de salud, de planes médicos, de educación y hasta el político, están predicados en sustentar las discapacidades y limitaciones del paciente, en lugar de identificar y alentar el potencial del paciente para apoderarlo.

Ante estas deficiencias sistémicas, decidí buscar alternativas para José René y darle yo algunas terapias que entendía podrían ayudarle. Uno puede llegar a obsesionarse con eso de tratar de hacer más por sus hijos, de encontrar actividades o artefactos que los ayuden a mejorar. Pero todo en exceso es malo, y esto puede drenarle las energías a uno. En este proceso, asimilé que siempre se debe planificar de antemano el procedimiento más apropiado, identificar el objetivo que buscamos, y escoger bien lo que nos permita dirigirnos en la dirección correcta.

Recuerdo que, en una ocasión, cuando el niño tenía cuatro años, llené la casa de tarjetas con palabras, colores, y símbolos para ayudarlo con su terapia del habla. Me sentía muy orgullosa de lo que hacía, aunque en realidad sabía que el niño me estaba ignorando. La terapeuta del habla que lo trataba en ese momento me decía que lo que yo hacía estaba bien, pero cuando ella le daba terapia, veía que el niño se divertía mucho, cosa que no hacía conmigo.

Cuando visité el neurólogo del niño y le conté de mis terapias "especiales", él se sonrió y me dijo que estaba perdiendo mi tiempo. "El niño no va a aprender nada así," me reafirmó. "Déjale las terapias a su terapeuta y dedícate tú a ser su madre, a darle amor y apoyo."

A veces, los profesionales de la salud insisten en señalar limitaciones basándose en la ciencia y las estadísticas. Uno puede entender eso, pero es muy frustrante ver esa falta de empatía que muchos tienen hacia sus pacientes. En innumerables ocasiones, este neurólogo trató de convencerme de que el niño no progresaría y que debía aceptar sus limitaciones, como también las mías.

En parte, tenía razón, yo debía ser más madre que terapeuta. El instinto maternal es fuerte y ciertamente te puede guiar por la ruta correcta, o a veces por la no tan correcta. Al mismo tiempo, sin embargo, me preguntaba, "Si este médico no ve el potencial de mi hijo, ¿para qué sigo buscando su opinión? ¿Acaso él no ha escuchado de la neuroplasticidad, de la enorme capacidad que tiene nuestro cerebro de adaptarse y desarrollarse?" Por mi propia experiencia, y la de muchos otros padres, se sabe que las prognosis basadas en evidencia no están escritas en piedra. Siempre existe una solución distinta, algo fuera del "reglamento", y yo seguiría buscando las terapias, técnicas y estímulos que ayudarían a mi hijo.

Decidí dejar las tarjetas con palabras, colores y símbolos para que su hermana menor Deborah aprendiera de ellas, y me dediqué a darle más tiempo maternal a José René. Entendí que, aunque no dejaría de buscar las mejores terapias para él, mi rol principal era hacerlo feliz, observarlo más, y aprender más de sus destrezas de comunicación cuando hacía gestos y emitía sonidos.

También quería que él tuviera más interacción social, algo esencial en el desarrollo humano. La socialización de los niños comienza desde el nacimiento, con los padres y la familia inmediata. Pero la adaptación social conlleva mucho más. Depende de la confianza que sienta el niño y de sus barreras de espacio personal, de la exposición a diversas personalidades y características físicas, emocionales y mentales de personas distintas. Todo esto influye mucho en el manejo de las emociones y reacciones del niño respecto al mundo exterior.

A sus tres años de edad, comencé a exponerlo, a hacer que interactuara con otros niños y personas más allá de la familia. Mi objetivo era que mejorara lo antes posible su conocimiento sobre sus entornos, que desarrollara mayor conciencia social. Por eso celebraba sus cumpleaños haciéndole grandes fiestas para que se divirtiera con sus primos y otros niños en un ambiente seguro. A pesar del esfuerzo, él siempre parecía estar ausente, como si estuviera ignorando a todos a su alrededor. Parecía no percibir la diferencia entre tener niños a su alrededor o no, pero sí sentía el amor y cariño que se le expresaba.

A los cinco años, empezó a practicar el béisbol que, además del golf, era un deporte que parecía interesarle al momento. Para mi desaliento, nunca desarrolló el espíritu de equipo con los otros jugadores. ¡Sólo iba al campo de pelota a jugar con la tierra y comer polvo!

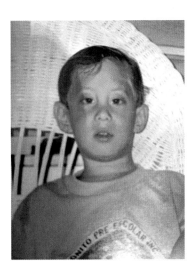

A veces era frustrante ver que no se integraba en nada. Eso fue una gran lección para mí. Tal vez socializar de esa manera no era lo que necesitaba. Necesitaba otros tipos de estímulo. Era el momento de matricularlo en una escuela, pero ¿cuál sería la más apropiada para su desarrollo integral?

Visité varias escuelas locales y el rechazo fue la orden del día – que el niño es muy "atípico" (¿qué significa eso?); que no tiene las destrezas; que no se adapta; que es muy hiperactivo, etc., etc. No lo querían aceptar en las escuelas, pero yo no me iba a dar por vencida.

Nos recomendaron entonces una preescolar Montessori a la que asistía la hija de unos buenos amigos. Me llené de optimismo, pues el sistema de enseñanza Montessori se reconoce por ofrecer un aprendizaje en el que los niños avanzan a su propio ritmo. Para mi sorpresa, aceptaron a José René y lo llevé con toda emoción a su primer día de preescolar. A él parecía no importarle nada la nueva escuela, porque ni siquiera reaccionó cuando lo dejé en clase y me despedí de él. ¡A cuántos padres no les ha pasado eso de ser ignorados por sus hijos!

Lamentablemente, la Montessori no resultó ser tan innovadora como imaginaba. No se mostraron muy contentos con el niño en su primer día de clases. Al segundo día, ya me estaban diciendo que el niño no seguía instrucciones, que no hacía nada y no estaba conectando. Al tercer día, recibo una llamada para que fuera a hablar con la directora. Al sentarme con ella me dijo: "Señora, su hijo no tiene las destrezas para estar en una escuela regular ni en ninguna escuela. Ni siquiera camina normalmente, no tiene capacidad para prestar atención, requiere mucha vigilancia y no está apto para esta escuela. Por sus discapacidades físicas y de aprendizaje, le sugiero que le consiga una institución y no una escuela".

De más está decir la rabia, el disgusto y la frustración que sentí al escuchar a esa señora hablar así de mi hijo. Me reembolsaron el dinero que había pagado por la matrícula del semestre, tal y como si se tratara de una mercancía devuelta. La falta de compasión de esa directora fue muy contraria a la imagen del método Montessori, con el que los niños, supuestamente, "aprenden a su propio ritmo".

Lo bueno de todo este relato es que, unos 28 años después, me encontré con esa directora en una actividad de yoga. No sé cómo pude contener la furia que sentí cuando la vi, pero sí recuerdo que me di el gusto de alardearle sobre todo el progreso que José René había logrado y cómo se había hecho un hombre independiente. Ella no dijo ni una palabra y simplemente se retiró. Gracias a Dios, tuve la oportunidad de revelar esa gran falla del sistema educativo, esa visión tan miope que se tiene relativa a los niños con necesidades especiales.

Yo seguía dispuesta a desafiar el sistema. Continué buscando una escuela que le diera a Jose el espacio y la atención que necesitaba. Llegué a matricularlo en varias escuelas especiales donde lo trataban con mucho cariño y eso lo ayudó mucho en su proceso de aprendizaje y socialización.

Más adelante, cuando su hermano mayor tuvo que ir a una nueva escuela, logré matricular a los dos varones en la misma institución. Esta vez, la experiencia no fue muy buena para Jose. El currículo era uno regular, y él estaba tan rezagado en tantas materias que lo bajaron de grado. Eso no me molestó en lo más mínimo. Lo importante era que siguiera aprendiendo y desenvolviéndose socialmente. Lo que sí me molestó mucho fue el día que llegó a la casa con moretones en los brazos. Me enteré que había sido una maestra que no sabía cómo manejarlo. Lo agarró tan fuerte y lo lanzó tan bruscamente en una silla que lo dejó marcado. Tanto el director como la maestra trataron de excusar el incidente y, claro está, me rogaron que no lo reportara al Departamento de Educación. ¡Vaya sentido de "responsabilidad"!

De nuevo, era hora de buscar otra escuela. Lo matriculé en la Escuela Menonita donde estudiaba su hermana, y donde también decidí trabajar como maestra asistente. Más adelante, cuando ingresaron a la escuela elemental, trabajé igualmente en esa escuela como maestra de Educación Física. Estar cerca de ambos y poder responderles inmediatamente ayudó a Jose a conectar e interactuar mejor con los otros estudiantes. Y yo, sinceramente, disfruté muchísimo ese tiempo con mis estudiantes de Educación Física.

De ahí en adelante, Jose asistió a varias escuelas especializadas donde tomaba clases regulares en salones de pocos estudiantes. Recibía también terapias del habla, ocupacionales, educativas, psicológicas, así como tutorías si se trababa en alguna materia académica. Le encantaba ir a la escuela, aunque no sabía cuál era el propósito. Era muy cándido y se portaba bien. Se levantaba, se vestía, seguía la estructura, pero su gran interrogante siempre era ¿para qué estudiar? Él sólo estaba divirtiéndose, socializando, y complaciendo a su madre.

Finalmente, se graduó de escuela superior. Luego, estudió golf en una escuela especializada en Orlando y, a los 26 años, obtuvo su bachillerato en Deporte Recreacional.

Para nosotros, igual que para él, todos estos logros fueron como un milagro, un sueño hecho realidad, porque fue un reto luchar constantemente contra la corriente. Jose, cuando niño y adolescente, era muy distraído y no prestaba mucha atención porque estuvo un tiempo medicado, primero con *Ritalin* y después con *Adderall*, un mal necesario por su hiperactividad. Yo me resistía a medicarlo. Le administraba la medicina tan sabiamente como pudiera y se la suspendía durante los fines de semana y en las vacaciones. Aprendió a correr bicicleta, montar a caballo y practicar baloncesto él solo en la cancha. Entre eso y el golf, fue adquiriendo más fortaleza física, más equilibrio, y fue aprendiendo a controlar mejor sus impulsos y emociones. Cansarlo físicamente con los deportes y la actividad física era mejor para su hiperactividad que los medicamentos.

Sin embargo, de todas las terapias que recibió –regulares y alternas–, la mejor fue el golf. Desde que tenía tres años y medio, mostró un interés especial por ese deporte. En ese entonces, yo tenía cinco meses de embarazo (de mi hija Deborah) y decidí aprender a jugar golf para compartir más en familia. Íbamos mucho a jugar en el club cerca de la casa y llevábamos a José René para que nos acompañara por el campo con sus palitos de golf plásticos. A él le encantaba estar con su padre "haciendo cosas de hombres", como decía.

Era una delicia ver a ese niño, con sus ojos enormes y su cara feliz, su gorra mal puesta, descoordinado y desequilibrado, agarrando ese palo y asumiendo una actitud de profesional, a la vez que maniobraba para mantenerse estable. Era él y la bola, enfocado en ella con toda su calma. Su concentración era casi meditativa. Y cuando conectaba la bola con el palo, no conocía su fuerza y la podía lanzar lejísimo. Para él, ir al campo de golf era su mejor recompensa, y todavía lo es.

Verlo canalizar sus energías de esta manera para nosotros era un deleite. Decidimos entonces comprar una propiedad cerca del campo de golf para poder estar más tiempo practicando el deporte. Ahí, Jose se pasaba horas caminando y jugando por el campo y mejorando su juego. A los siete años, tomó clases formales y hasta fue a un campamento de verano, donde se sentía el niño más feliz del mundo.

Eventualmente, sus hermanos también aprendieron a jugar golf y todos en la casa llevábamos a José René a jugar. El golf se convirtió en una actividad familiar y en una terapia muy efectiva para Jose. Mostraba más control, un swing excelente y cuando iba al *driving range* (campo de tiros de práctica), ¡podía golpear 200 bolas! Comenzó paralelamente a expandir su interés en otros aspectos del deporte – veía el *Golf Channel* en televisión, seguía los torneos, y gran parte de sus juegos de *Play Station* y *Nintendo* eran de golf, especialmente de Tiger Woods. Sin embargo, sus videojuegos no eran sólo entretenimiento, sino también aprendizaje y motivación para seguir persiguiendo su sueño de un día ser como Tiger.

Más allá de ayudarlo física y mentalmente, el golf le dio estructura y sentido de pertenencia. En el campo tienes que tener disciplina, comportarte debidamente, respetar espacios, no causar daños a otros ni a la propiedad, y ser sociable para poder estar ahí y que te permitan jugar. Estos valores y reglas del juego las pudo aplicar a su vida, a su rutina diaria, y lo estimularon a seguir adelante, a trazarse una ruta hacia el futuro.

De sus palitos plásticos pasó a tener unos de metal y, más tarde, un buen set de palos que los tuvo hasta hace varios meses, cuando decidió donarlos a niños de escasos recursos de sus clínicas de golf. Los palos en el golf son herramientas esenciales para dominar el juego. Cada uno tiene un propósito específico – los de madera son para hacer tiros de distancia; los de hierro sirven para dar más elevación a la bola o para hacer un tiro que no requiera tanta distancia; y cuando se llega al *green*, se usa el *putter* para hacer rodar la bola por la grama hasta meterla en el hoyo. El uso de cada palo se piensa y se planifica dependiendo dónde haya caído la bola, hacia dónde se quiere dirigirla y cuán lejos se quiere llegar.

Para Jose, sus palos simbolizan sus destrezas innatas de planificación, coordinación y enfoque. Hacen referencia a su inteligencia emocional y su actitud positiva, el poder de decisión, la alegría de estar presente, su conocimiento del juego, su música y *flow* interno. El set de palos es su armadura, la cual atesora con celo y orgullo.

Es increíble ver cómo el Universo le ha dado una licencia para ganarse la vida en un trabajo donde hace lo que más le apasiona. Casi sin darse cuenta, su misión se ha convertido en lograr que el golf les ofrezca a los niños y adultos que él enseña las mismas lecciones y valores que él aprendió jugando, y que lo han convertido en un excelente profesional del deporte.

CAPÍTULO 2

The Threesome and the Foursome
Los hermanos y el núcleo familiar

Se puede decir que nuestra familia, en cuestión de pocos años, pasó de ser una tradicional –madre, padre y un hijo, a una no tan tradicional – madre divorciada, con un hijo pequeño (Eduardo), más un nuevo bebé con necesidades especiales (José René), a la que luego se sumó una hermosa niña (Deborah), y un segundo divorcio. Son realidades de la vida, transformaciones y evoluciones que hay que enfrentar con determinación y esperanza de futuro, especialmente cuando hay menores envueltos.

Ante este nuevo escenario, viéndome básicamente sola con mis tres hijos, decidí que la mejor manera de mantenernos unidos era inculcarles a ellos los mismos valores que mis padres me enseñaron: apoyarse mutuamente, ser adaptables, apreciar y respetar nuestras diferencias individuales, y mantener una buena comunicación, como también una fuerte cohesión familiar a base de amor.

"Aquí no hay medios hermanos, aquí son hermanos y punto," les decía a mis tres hijos desde pequeños. También les repetía mucho la frase *"Never leave a sibling behind"* (Nunca dejes a un hermano atrás), una adaptación mía del lema *"Never leave a soldier behind"* de los militares. La decía en inglés pues así la aprendí y así se me quedó grabada en la mente. La usaba en los momentos más precisos en el desarrollo de mis hijos y de nuestro núcleo familiar.

Entiendo que esta estrategia funcionó, pues logramos conformar un *foursome* inseparable, que enfrentó grandes desafíos. Y hoy nos hemos convertido en cuatro adultos, cuyas fortalezas y talentos individuales siguen unidos colaborando en el centro de terapia acuática alternativa que fundé en el 2007.

Sin duda alguna, esta unión en el hogar fue clave en facilitar el progreso físico y cognitivo de José René. Desde que nació, él ha sido muy amado por su hermano y su hermana, como también por sus primos y otros familiares. Yo siempre trataba de coordinar fiestas familiares para que pudieran coincidir los distintos miembros de la familia extendida bajo un mismo techo. Permití ese espacio para que Jose pudiera desarrollar todo tipo de relación interpersonal. Sí, a veces me asustaba exponerlo tanto. Pero después de su operación del cráneo, entendí que ese amor que recibía alimentaba su ánimo de triunfo, y esa lección me ha dado mucha paz.

Eduardo, su hermano mayor, y mi único hijo hasta el momento, sólo tenía ocho añitos cuando José René llegó a nuestras vidas. Siempre apoyó a Jose y le mostraba mucho cariño, pero no era fácil para él entender bien o aceptar sus discapacidades. Además, en ese entonces yo estaba un poco abrumada con la situación de José René y a veces lo proyectaba más de lo que hubiese querido. Aunque esos sentimientos duraron un tiempo –algo que siempre me ha incomodado–, aprendí que mi situación era solamente una lección de vida que me tocó experimentar, y que mucho de lo que me sucedía no tenía nada que ver conmigo. No me quedaba otra opción que la de buscar ayuda profesional para poder seguir adelante y no fallarles a mis dos hijos. Además, me preocupaba que la salud mental de Eduardo se viera afectada porque yo estaba dudando de la mía.

Una vez vencí ese escollo, me centré entonces en apoyar a Eduardo para que lograra desarrollar una buena relación con su hermanito. Para mi sorpresa y alivio, Eduardo asumió un rol muy maduro en todo este proceso, pese a su temprana edad. Era un niño muy ordenado y articulado, casi perfecto. Quería muchísimo a su hermano y se preocupó considerablemente con la operación de cráneo de José René. Cuando era niño, lo protegía y lo alentaba a comportarse y vestirse como él, a hacer las cosas como él las hacía o hacerlas aún mejor. Lo ayudaba a moverse y a caminar.

A veces se irritaba con la manera extraña como Jose hacía las cosas. Yo sabía que era difícil y agotador para Eduardo comprender a fondo las necesidades de su hermano y darle el estímulo que necesitaba para su desarrollo. Pero él tenía muchísima fe en la capacidad de Jose. De hecho, muchas veces se comportaba más como un padre que como hermano, y me pedía que yo fuera un poco más estricta con Jose para obligarlo a hacer más, pues sabía que su hermano podía hacer mucho, aunque no lograra hacerlo justo cuando él quería que lo hiciera, o cuando la agenda de la vida lo dictara.

Eduardo era muy consciente de todas las bendiciones que él tuvo durante su niñez – todo el amor que siempre recibió de su familia, de sus primos y sus abuelos; todos los amigos que tenía en la escuela; su talento y coordinación atlética para los deportes; sus destrezas y su capacidad intelectual. Eso siempre le sirvió de motivación para ayudar a José René.

En fin, puedo decir que Eduardo ha sido y sigue siendo un hermano excepcional. Es un alma elevada que ha sido una inspiración y uno de los mejores compañeros de vida que Jose haya podido tener.

Unos años más tarde, cuando Eduardo tenía once años, y José René sólo tres y medio, nació Deborah. Una niña añadiría otro elemento a la ecuación de nuestra familia y vendría a elevar a José René a su máximo potencial. Con ella, se completó nuestro *foursome*.

Jose creó de inmediato un vínculo muy especial con su hermanita, aun cuando ella todavía estaba en mi vientre. Yo le hablaba mucho de Deborah pensando que tal vez no entendería, pero más adelante me percaté de lo claro que estaba él en cuanto a la niña. Él sabía que ella sería otro ángel que vendría a ayudarlo a progresar en la vida, a darle ese empujón de amor fraternal que necesitaría.

Ciertamente, a veces me preocupaba y hasta me agobiaba al pensar en cómo iba a criar ahora una nueva bebé, junto a su hermano mayor y su otro hermano con necesidades especiales. ¿Cómo iba ahora a dividir mi tiempo y mis energías?

Pues resultó que criar a Deborah junto a José René, con la ayuda de Eduardo y de todos mis ángeles, era como criar gemelos. Recuerdo que yo hacía casi las mismas cosas para ambos al mismo tiempo – bañarlos, alimentarlos, ponerlos a estudiar, entretenerlos, etc. Cuando ella gateaba, él la seguía, la imitaba y se divertían muchísimo juntos. Ella empezó a hablar a temprana edad, y él todavía estaba rezagado en su habla. Pero empezaron a comunicarse entre sí y hasta desarrollaron un dialecto propio que ella usaba para servir de intérprete de su hermano y dejarme saber lo que él quería.

A sus tres añitos, ya Deborah era consciente de las necesidades de su hermano y comenzó a liderar su desarrollo. Se convirtió en su mejor terapeuta y todavía lo es. Tenía inmensa paciencia, tolerancia, empatía, cariño y amor, y se disfrutaba todo lo que él hacía. Le enseñó desde temprana edad a cómo hacer contacto con la vista tocándole el rostro de la manera más tierna del mundo. Ella lo protegía y lo defendía de cualquiera que intentara mofarse de él, y obligaba a todos a tratarlo con respeto y dignidad. Se convirtió en su guardián dentro y fuera de la casa, y no hacía amistad con nadie que no aceptara a Jose como su amigo también. Han formado un gran equipo juntos y, al día de hoy, mantienen un lazo de hermandad inquebrantable. Lo más gracioso de todo es que para ella, José René nunca tuvo limitaciones, ni defectos del habla, ni problemas de comunicación o coordinación. Para ella, él simplemente "caminaba cómico".

Mientras mis "gemelos" crecían, Eduardo fluía con el proceso de ser el hermano mayor de los dos menores, aunque ya empezaba a tener una vida más independiente con sus amigos, los deportes y las estadías en casa de sus primos. Los tres han crecido como hermanos de sangre y del alma. Compartían todo en casa y crearon entre sí su propio mundo. Entre el perfeccionismo y la protección de Eduardo, y la compasión y el amor de Deborah, José René nunca necesitó el apoyo de la sociedad para triunfar, porque siempre tuvo a sus hermanos, a su familia y su fuerza interior.

Ahora, quiero ceder el espacio a Eduardo y a Deborah para que ellos compartan sus experiencias y vivencias con Jose, y nos digan, en sus propias palabras, cómo fue el proceso de criarse con un hermano que necesitó tanta ayuda, amor y entendimiento durante su crecimiento.

Habla Eduardo
"Tremendo maestro de vida"

Momentos cercanos al nacimiento de José René, en casa vivíamos en un patín. Mi madre era ejecutiva, mi padre completaba sus estudios médicos y había mucha emoción por el nuevo bebé que venía de camino. Yo era un niño de ocho años, hijo único, pero con muchas ansias de que llegara el nuevo miembro de la familia. Estaba todo preparado. Lo esperaba impacientemente sin entender por qué se retrasaba su llegada a casa. Llegó finalmente el día y recuerdo vagamente la reacción al recibirlo. Pensé que mi nuevo hermanito parecía algo raro y creo que me explicaron la razón de su extraña apariencia. Pero nada cambió mi sentimiento de que me tocaba ser su "cuidador". Estaba listo para aceptar el rol de hermano mayor. Recuerdo sus ojos, grandes y sobresalientes, que querían decirte algo en todo momento. Sus ojos hablaban. Recuerdo ayudar a mami a bañarlo en el baño de la segunda planta de la casa, en el lavamanos, y limpiarle el restante del cordón umbilical que sobresalía. Me decían que se caería solo. Era asombroso ver como se desarrollaba un ser humano. Las preguntas que yo le hacía a mi madre de por qué Jose había nacido con ese problema eran incesantes. Escuchaba todo lo que ella me decía, pero sinceramente no comprendía mucho la realidad del asunto.

De momento, mis padres se fueron de viaje con mi hermano. Todo sucedió tan rápido. La transición desde que José René nació, de irnos a vivir a Wilmington, Delaware y regresar, todo eso pareció suceder en un instante. En un abrir y cerrar de ojos, pasamos de un país a otro y de vivir en un lugar acostumbrado, cerca de todos y, de momento, acabamos viviendo en el campo de Aibonito, Puerto Rico, rodeados de montañas, caballos, y una comunidad totalmente diferente a lo que estaba yo de niño acostumbrado.

También, la diferencia de edad entre mi hermano y yo se hizo mayor por la brecha del desarrollo motor y del habla de José René respecto a su edad. No era un niño que se desarrollaba como lo hacíamos mis amigos y yo. Es difícil de explicar. Entre el amor y el cuidado fraternal, existía un pequeño resentimiento que yo no podía definir. No entendía la dificultad que tenía mi hermano para hacer cosas que para mí eran algo natural. Aprender a rebotar una pelota, la coordinación en los deportes, organizar mis cosas, para mí todo eso era bien fácil. En fin, yo seguía siendo un niño y esperaba siempre más de mi hermano. Quería que fuese mi par, mi compañero de vida en las buenas y las malas, mi mejor amigo, mi cómplice, porque sentía que yo estaba viviendo medio aislado en en un campo, solo con mis amigos y familiares a horas de distancia de lo que era antes nuestro hogar. Seguramente fui un dolor de cabeza para mi madre, ya que no sabía reaccionar o expresar bien mis sentimientos.

Poco a poco fui "madurando" y aceptaba más que Jose no se despegara de mi lado. Desde que podía caminar, él me seguía, me esperaba, a cada segundo lo tenía a mi lado mirándome con esos ojos que siempre fueron su voz. Todo esto llegué a comprenderlo más tarde porque, claro, el niño no hablaba y tomó un tiempo que yo llegara a descifrarlo mejor. Él caminaba, corría y se caía, pero no lloraba. Era algo bien extraño. Pasaron los años y José René crecía y se ponía más grande y torpe, pero había algo que le hacía especial. Por ejemplo, me asombraba que era capaz de entender cómo funcionaba un video juego. También entendía la música y hasta entendía a su terapista y cuidadora, que era estadounidense ¡y le hablaba siempre en inglés! Yo sólo pensaba, "este niño es más inteligente de lo que todos creemos". Entiendo que, por este motivo, nunca he visto a Jose como un niño con algún impedimento. Siempre había algo que me daba a entender que él era mucho más capaz de lo que creíamos.

Recuerdo algunas de las tantas ocasiones cuando me enfadaba con mis padres y les reclamaba, "¡Él sabe lo que hace, él entiende, tiene dos manos y pies, puede hacer lo mismo que yo!" Obviamente, como niño, esas cosas a las que me refería eran las tareas de la casa – botar la basura, recoger lo que regábamos, todas esas boberías que para un niño son un "trabajo" por obligación, pero que son parte de la educación social de la convivencia. A mí me obligaban a hacerlo, ¡pero a él se lo dejaban pasar! Me rio de todo esto ahora que estoy echando una mirada atrás de cómo fue crecer con mi hermano.

Pasa el tiempo y nace Deborah, la tercera, "Miss Aibonito", la niña más bella de la familia. De pronto, el *twosome* se convirtió en *threesome*. Asumí un rol de hermano mayor a una edad que ya podía quedarme con ellos, cuidarles y ser su *babysitter* de vez en cuando. José René y Deborah eran inseparables. "Debo", como le decimos, llegó a ser su juguete. La conexión entre ambos fue evidente. Lo compartían todo incluyendo juegos, diversiones, pero también –y sin dudas– jalones de pelo, peleas tontas, además de algún que otro encontronazo.

Durante esta etapa, Jose ya andaba con sus palos de golf de plástico dándole a todo lo que pareciera una bola para practicar su swing. Yo estaba en mi adolescencia; mi hermana y Jose eran niños. Ahí creció la brecha entre Jose y yo. "Debo" se convirtió en mi relevo. Acompañaba a Jose para todo y él la cuidaba en todo momento, pues él era entonces el hermano mayor.

Curiosamente, un día José René estaba en el asiento posterior del carro de mami y suena la canción *"In the End"* del grupo Linkin Park. Él empezó a cantar en su "idioma", una mezcla de palabras puntuales de la canción en inglés y sonidos que él no podía replicar, pero parecía como si supiera exactamente lo que decía la canción. Esto fue para el año 2000, cuando José tenía nueve o diez años. Estoy seguro que ese fue el CD más escuchado por mi hermano en la historia. Ahí pude observar el amor que tenía por la música y el mensaje que llevaba. Ese momento fue impresionante para mí.

Estos años de desarrollo para nosotros fueron años repletos de situaciones, cambios y eventos importantes en nuestras vidas y en la estructura familiar – el divorcio de mis padres, mis planes para ir a la universidad, Deborah cambiando de escuela, etc. Sin embargo, José René siempre era el eslabón conciliador. Yo, creyéndome grande ya, tenía otros intereses, pero nunca dejé a mi hermano a un lado. *Never leave a sibling behind*!

Aunque a veces parecía demasiada carga, mis amigos lo incluían en nuestras actividades y lo cuidaban como uno más. Nunca vieron a mi hermano como un niño diferente. Lo protegían, y él nos acompañaba a hacer cosas "de grandes". Llegó a socializar mucho con mis amigos. De hecho, era tan sociable y genuino que, cada vez que veía la oportunidad, iba a hablar con las muchachas más bonitas del lugar ¡y las convencía para que vinieran a compartir con nosotros! Era tremendo haciendo cosas que a mí y a mis amigos nos daba vergüenza hacer por tímidos.

En otra ocasión, estábamos en familia esperando la llegada del Año Nuevo y, después de cenar, queríamos ir a un baile que había en un hotel cerca de la casa. Pero la taquilla costaba muchísimo y éramos ocho o diez personas. En eso, José René nos dice, "Vengan, vamos a caminar para bajar la comida". Poco a poco nos fuimos acercando al hotel, caminamos por el costado del edificio, llegamos a una entrada y José nos dice con toda su certeza, "¡Síganme!" Entramos todos como si nada, nadie nos detuvo y bailamos hasta el amanecer. ¡La verdad que era (y sigue siendo) tremendo!

Creo que esa naturalidad suya le abrió la puerta a conocer sobre muchas cosas, a hacer travesuras, a ver cómo nos relacionábamos entre "hombres", con los deportes, las amigas, las conversaciones, en fin, el ciclo normal de la vida de un adolecente. Gracias a estos lazos y estas amistades que siguen siendo importantes para él, comienza una etapa de madurez para Jose que, junto al golf, marcaron su futuro de manera muy positiva.

Siempre me ha hablado con los ojos. Jose es un ser noble y especial, amoroso y gentil con todos, sin importar de dónde o quién fuera. No lleva una onza de maldad ni rencor. Su madurez ha sido emocional desde que era bebé. Esa parte finalmente llegué a comprenderla. Él no pronunciaba bien y cada vez que me pedía algo o me hacía una pregunta, aunque lo entendiese, le exigía que la repitiese y que mejorase la manera de expresarse. Muchas veces me sentía mal por exigirle, y todos a mi alrededor, tanto amigos como familiares, me recriminaban esa actitud mía. "¡Pero él puede!", les decía yo. Hasta el día de hoy, espero y siempre esperaré que todo lo que haga, lo haga mejor.

Analizando su trayectoria desde la distancia y desde un punto de vista objetivo, puedo decir hoy que mi hermano es un ser humano ejemplar. No sé si nació como un ser especial que vino al mundo a "enseñarnos algo", pero sí puedo decir que nos ha demostrado a todos en casa que él puede hacer lo que quiera. No es una persona con impedimentos que va a depender de alguien para llevar a cabo una vida plena. Mi hermano es una persona en constante crecimiento, cada día más sabio, emocionalmente más complejo, cautelosamente sensible y genuinamente amoroso. Todos estos atributos lo convierten en una persona capaz de enseñar y creo que por eso se ha convertido en un tremendo maestro de vida para muchos.

Habla Deborah
"Mi mejor amigo, mi mejor espejo"

Desde el día que nací, he sentido una presencia muy especial en mi vida. Mi hermano José René siempre ha estado muy apegado a mí, desde cuando yo estaba en los brazos de mami. Él ha sido mi cómplice, mi mejor amigo y mi alma gemela. Somos como si nos hubieran cortado de la misma tela – cuando él siente, yo siento; cuando yo siento, él siente. Creo que la manera más fácil de describirlo sería como una la relación de gemelos. Aunque vinimos al mundo con tres años de diferencia, la sincronía de nuestras vidas siempre ha sido perfecta.

Tener un hermano especial es uno de los honores más grandes que me ha regalado la vida. Sé que nací para apoyarlo, enseñarle y cuidarlo. Igualmente, sé que Jose nació para apoyarme, enseñarme y cuidarme. Entre mis amigos y hasta conocidos, siempre he establecido que él es lo más importante. Si no quieren *janguear* (compartir socialmente, en argot boricua) con él, que no se les ocurra *janguear* conmigo. Jamás he estado en una situación donde mi hermano no sea lo más importante. Hasta cuando he tenido novios – si ellos no se llevaban con él, conmigo no tenían nada que buscar. Y no es sólo que lo toleraran, sino que genuinamente vieran lo grande que es y lo igual a todos que es. Si otros ven límites, diferencias y distancia, yo no quiero formar parte de eso. He sido su gran defensora, siempre híper-vigilante respecto a él. De hecho, hasta hace pocas semanas, mi mamá le estaba reclamando a José René que no recogía ni limpiaba sus cosas y yo salí de inmediato a abogar por Jose. "¡Tú siempre lo defiendes!", me dijo mami. Y tiene razón, debo ser un poco más razonable al momento de defenderlo. Creo que ya lo hago por instinto de hermana y no por sobreprotegerlo. Esta experiencia me ha hecho desarrollarme como una mujer que valora y lucha por la equidad en todos los ámbitos. Por eso, agradezco haber nacido hermana de José René.

Tener un hermano especial, en muchas ocasiones, también es un reto. Además de saber que quería estar ahí para él en todo momento, sentía que mi otro deber era alentarlo a mejorar, a hacer las cosas como mejor pudiera. Esto era particularmente cierto en cuanto a ayudarlo con su habla. En esto, no le pedía sino **le exigía** que hablara lo más claro posible para que otros pudieran entenderlo mejor. Lo obligaba a esforzarse a pronunciar con mayor precisión y claridad, no sólo por su bien y su progreso personal, sino porque sabía que él podía hacerlo. Con las cosas en las que estaba limitado, yo no le exigía, pero con el habla sí, porque de nuevo, sabía que él podía hacerlo.

También ha sido difícil sentir que otros lo miren o actúen como si él fuera menos. Muchas veces he llorado de furia y coraje cuando he estado en, o me he enterado de situaciones donde él no recibió el respeto que se merecía. Hoy, de adulta, puedo entender que eso no tiene nada que ver con él, sino con mentes cerradas o estrechas que no comprenden la belleza de la diferencia y la bondad de un corazón grande. Sin embargo, desde muy pequeña, sentí que mi rol, mi misión, era protegerlo de miradas, comentarios, o situaciones en las cuales se pudieran aprovechar de él. Fue una carga un poco pesada para una niña, pero ahora como adulta, entiendo cómo la pude llevar.

Mi responsabilidad como hermana a veces se siente difícil, como una fuente de frustraciones. Cuando estábamos creciendo, recuerdo la rabia que sentía cuando José me decía "te perdono", en situaciones donde él quería o debía pedirme perdón a mí por haber hecho algo que no estaba bien. Yo me ponía roja y le trataba de explicar que cuando uno pide perdón se dice "lo siento" o "perdóname". Pero él seguía diciendo "te perdono". Me hervía la sangre pensar que se iba a salir con las suyas y no me iba a pedir perdón. En una ocasión, cuando yo tenía siete años, tuvimos una de esas discusiones entre hermanos y él me pegó duro en la quijada. Sé que no quiso hacerme daño, simplemente él no sabía la fuerza que tenía, y volvió a decirme "te perdono". Igual sucedió un día de Navidad, cuando me desperté con esa ilusión de niña de correr hasta el arbolito a abrir los regalos que me había dejado Santa Claus. Qué sorpresa la mía, y qué coraje me dio, cuando vi que Jose ya estaba ahí y había abierto TODOS los regalos de toda la familia. Él entendía muy bien el concepto de recibir regalos en la Navidad. Lo único que nos faltó enseñarle fue el detalle de que ¡no todos los regalos eran para él!

Hoy me rio porque ya puedo entender que el concepto del perdón es súper abstracto. Ahora me doy cuenta de la grandeza de espíritu, el conocimiento innato de la verdad, y la inteligencia emocional que él siempre ha tenido. Sin darse cuenta, Jose estaba practicando un principio básico budista que él jamás había estudiado. Pedir el perdón de otro es un gesto de sincero arrepentimiento, de tener la entereza de reconocer que uno hizo o dijo algo que está mal y nunca debió haberlo dicho o hecho.

A veces me preguntan si he resentido la preferencia de mis padres por mi hermano especial. La realidad es que solamente una vez, que me pueda acordar, he sentido que me estaban exigiendo a mí un desempeño o un comportamiento mejor que el de él, y pensé que eso era injusto. Es súper normal. Los hermanos de niños especiales saben que el trato no es el mismo, pero toma madurez poder entender por qué, y es necesario que los padres puedan explicarlo de una manera efectiva. En mi vida entera, solamente le he reclamado una vez a mi mamá que a mi hermano no se le exigía tanto como a mí. No recuerdo qué sucedió específicamente, pero hice la pregunta, "¿Por qué a él no y a mí sí?" Esa sola vez mi mamá tuvo que mirarme fijamente y decirme, "Porque ahora mismo tú puedes y él no". No fue tanto lo que me dijo, sino cómo me lo dijo. Hoy lo recuerdo como un mensaje del más allá y, desde ese momento, jamás me he cuestionado por qué a mi hermano le dieron unas atenciones que a mí no me dieron, o por qué no le exigieron tanto en algunos aspectos. Fue parte integral de nuestro crecimiento.

Más allá de lo difícil que haya sido en momentos, lo que siempre llevo en el corazón es lo fácil que es ser la hermana de José René. Soy única en su vida, en sus ojos. Nos llevamos más que bien. Nos reímos de las mismas cosas. Es gracioso, muy creativo y a cada rato me sorprende. Siempre jugábamos juntos cuando niños –yo con mis *Barbies* y él con sus *G.I. Joes*–, corríamos bicicleta y montábamos mucho a caballo, sobre todo cuando vivíamos en el campo de Aibonito. Era un proceso, un intercambio muy natural.

La música nos une. Ambos vivimos apasionados de cómo la música nos hace sentir, recordar y vivir de manera más presente. Para él, la música es la mejor manera de expresar sentimientos y pensamientos que no puede articular claramente. Las conversaciones más profundas que teníamos (y a veces todavía tenemos) han sido a través de la música. Cuando estuvimos separados, porque fui a estudiar a Estados Unidos y a Chile, me enviaba una canción semanalmente que me dejaba saber cómo él se sentía. Cuando me enviaba nuestra canción favorita, yo sabía que él me extrañaba particularmente más ese día. Igualmente, él sabía intuitivamente si yo me sentía mal o abrumada porque me enviaba una canción que me animaba y me sacaba de mi "nube negra".

Para mí, es súper fácil entenderlo y me encanta ser su intérprete por excelencia. A veces estamos hablando en grupos, pero José y yo llevamos un ritmo de conversación diferente, el de nosotros. Otros pensarán que hablamos de forma telepática. Yo entiendo EXACTAMENTE todo lo que él me dice. Como siempre he sido parte de su contexto, él me puede dar las pistas más imposibles de descifrar y yo voy a entenderlo. "Camisa roja, lloviendo, película, carro. *Fast and the Furious*? *Yes!*" Aparte de entenderlo perfectamente, he sido su traductora. Desde que yo era chiquita, mami contaba con mi apoyo para descifrar lo que Jose quería. Ella me dice que él no hablaba como a hasta los ocho años, pero para mí, Jose siempre habló. A veces, con sólo una mirada, sé exactamente lo que está pensando.

Además de yo entenderlo a él, José es único entendiéndome a mí. Recuerdo los miles de veces que me ha preguntado "¿Estás bien?" cuando cargo mucho, cuando no sé qué hacer con mis emociones, o cuando estoy muy cansada. Para él siempre tengo un "sí" porque, en mi mente, yo tengo que estar bien para él. "Él me necesita", pienso yo. Pero el tiempo y la vida me han enseñado que él no nos necesita tanto como nosotros lo necesitamos a él, como yo lo necesito a él. Mi hermano mayor y yo decimos que él vino a enseñarnos a todos exactamente lo que tenemos que aprender, que todos debemos ser más como él. Su sencillez, su belleza interior, su paz, su habilidad de recibir y dar sin limitaciones, su manera de dejarte saber que todo va a estar bien, sus "buenas vibras", nos ilustran todos los días. Lo más que me ha enseñado es que no hay límites y que todo llega a su tiempo. Hubo un momento que me dijo "nunca voy a guiar", y hoy me busca en su carro para ir a los lugares y siempre quiere guiar.

En fin, Jose es mi hermano, mi alma gemela, mi todo. Se me ha hecho muy difícil escribir esta sección, especialmente porque nunca he sentido que mi experiencia fuera tan distinta a la de otras hermanas menores. A fin de cuentas, es todo lo que he conocido. Pero también porque compartir con otros todo lo que mi hermano es para mí requiere mucha vulnerabilidad y honestidad. Espero haberle hecho justicia a nuestra relación.

CAPÍTULO 3

The Best Caddies
Un equipo de ángeles

Los caddies son los ayudantes que acompañan a los jugadores del golf durante un juego o torneo. Se convierten en la mano derecha del jugador dándole apoyo y consejos; manteniendo el equipo limpio y en orden; y asesorando al jugador en cuanto al mejor palo que debe usarse para hacer el próximo tiro.

En el juego de la vida, requerimos ese tipo de apoyo, esos *caddies* o ángeles que nos ayuden a manejar mejor nuestras experiencias para dirigirnos en la dirección correcta. Con ellos ganamos, nos podemos concentrar, y logramos entender mejor nuestro juego y nuestra trayectoria.

Sé que ya puedo estar sonando un poco trillada por repetir tanto la idea de los ángeles que han estado a mi lado durante todo el proceso de criar a José René. Pero, sinceramente, me sentiría muy malagradecida si no reconozco a esas personas que han sido instrumentales en hacer mi vida y la de mi familia más fácil y llevadera.

Al igual que hice con mis dos hijos en el capítulo anterior, le he cedido el espacio a uno de estos *caddies* para que pudiera hablar en su propia voz sobre su relación tan especial con José René. A los otros ángeles que, por diversas razones, no llegaron a compartir aquí directamente su sentir, les rindo tributo con mi más profundo agradecimiento.

El equipo de ángeles, los mejores *caddies* a los que me refiero, son: mi amiga y hermana del alma **Tere**; mi querida **Mami** (q.e.p.d.); mi bellísima hermana **Sylvette**; el ángel de los ángeles, **Leonard A. Lauder**, mi jefe en Estée Lauder (Clinique); mi amiga **Laurie** de Delaware; la terapeuta de California **Libby**; la prima mayor de José René, **Lizby**; **Celso**, el gran entrenador; y **Paulina**, la gran maestra con la paciencia de oro.

Estos seres iluminados dijeron "presente" en momentos muy significativos en nuestras vidas y, gracias a sus intervenciones, por breves que fueran, dejaron en nuestros corazones una huella indeleble de positivismo, compasión, amistad, generosidad y buena fe. Por eso los llamo los *caddies*, los ángeles que dirigieron, acompañaron y le abrieron camino a José René.

Caddy 1: Titi Tere

¿Cuántas veces en la vida se nos presenta la oportunidad de conocer a una persona con la cual establecemos una amistad que perdura por décadas? ¿Ese tipo de amigo o amiga con quien compartimos sueños, planificamos bodas, estudiamos juntos y nos toleramos a pesar de nuestras obvias diferencias? Pues he sido muy agraciada en encontrar a esa hermana del alma, esa compañera de la universidad que ha estado ahí en cada etapa de mi vida adulta.

Ya son más de 40 años de amistad. Ambas venimos de familias tradicionales, nos casamos con nuestros novios de entonces, nos apoyamos en momentos muy tristes, disfrutamos momentos de inmensa alegría, cocinábamos juntas, íbamos de gira por la naturaleza, y nos dábamos ánimo y fortaleza mutua. Trascendimos de los muebles plásticos que teníamos cuando éramos universitarias a decorar nuestras casas con las cosas que siempre soñamos tener. Vacacionábamos juntas y, como buenas acuarianas, celebrábamos juntas nuestros cumpleaños.

Nuestras familias se unieron en un lazo inquebrantable, tan así, que ella y su esposo querían a mi primer hijo como si fuera el suyo. Y cuando nació José René, sabía que sólo existía una persona que podría ser su madrina.

Su nombre es Teresa, Tere, como le decimos cariñosamente, una de las mujeres más fuertes y valientes que he conocido en mi vida. Una persona a quien puedo confiarle mi vida y sé que haría por mí todo lo que yo haría por ella. Generosa sin límites con las personas que aprecia, ha sido como una segunda madre para mis tres hijos. Y con José René, ni hablar. "Titi Tere", como él le dice, ha estado a su lado a cada paso de su desarrollo y progreso, celebrándolo y alcahueteándolo como nadie.

Por eso quiero darle este espacio a Tere para que ella misma hable sobre la "complicidad" tan especial que ha tenido con Jose desde que nació. De más está decir que sin el amor, la comprensión y compasión de Titi Tere, tal vez José René jamás hubiese logrado tanto en su vida.

Adelante, Tere...

Habla Titi Tere

Quiero comenzar diciendo que yo soy la BENDECIDA por tener a José René en mi vida. Vivo enteramente agradecida de la confianza y la oportunidad de formar parte de este libro, de este relato de creer que lo imposible es posible, de no ceder ante las normas y de entender que José René es un agente de cambio positivo en mi vida y en la de muchos que aún no lo conocen.

Lo cierto es que José René es un ser especial, pero no por sus condiciones físicas o cognitivas. Es especial por su capacidad de amar, su nobleza, su integridad y su manera de enfrentarse a la vida y su manera de verla. Debbie, mi hermana de vida, gracias por permitirme tener un ahijado y "sobrino" como José René.

La "complicidad" entre Jose y yo comenzó desde el momento que lo vi por la vidriera de la guardería del hospital. Nuestras miradas se conectaron de inmediato. Desde ese primer día, sentí que era un ser extraordinario y lo "adopté" en alma y presencia, al igual que hice con su hermano mayor, y luego con su hermana menor, porque sabía que ese niño tenía un enorme potencial. Entendí que nuestras vidas se entrelazarían y fortalecerían con el pasar de los años, y las vivencias que nos esperaban crearían un lazo de amor incuestionable. Para serles honesta, no tenía conocimientos técnicos de cómo manejaría la situación, pero nunca dudé que la amistad entre Debbie y yo sería la fuerza que nos guiaría para forjar y lograr un gran futuro para José René.

Como madrina al fin, mis alcahueterías nunca faltaron. A menudo iba a cuidarlo y bañarlo, sobre todo cuando veía que Debbie necesitaba un descanso, o cuando salía a cenar de cuando en vez, o se iba de viaje. Para mí era un privilegio poder ayudar y ser parte de su desarrollo. Recuerdo en una ocasión, recién realizada su operación de cráneo, que nos lo dejaron para cuidarlo. Fue un momento de mucho estrés, pero a la vez, de una enorme gratificación. Los momentos de bañarlo, cantarle para acostarlo y verlo sonreír hacían que nuestra complicidad continuara creciendo.

Desde un principio, decidí que trataría a Jose tal y cual traté a su hermano mayor – como cualquier niño que no enfrenta limitaciones, como un niño "normal", según la gente dice, aunque todos sabemos que no existe una definición clara de "normal". Aprendí a darle su espacio para que pudiera expresarse dentro de su mundo, y lo ayudaba en su desarrollo físico y cognitivo. Él era uno como cualquier otro, que podía lograr todo lo que se propusiera. Lo animaba, lo exhortaba, lo impulsaba y lo desafiaba a hacer todo lo que quería lograr. Cuando comenzó a caminar, le poníamos rodilleras y un casco en la cabeza para que pudiera explorar, sin exponerse a un golpe. Y, ¡cómo exploraba!

Durante los años que su familia vivió en Estados Unidos, yo hacía arreglos para ir a visitarlo. Recuerdo que Debbie guiaba a menudo de Delaware a Filadelfia para que Jose recibiera tratamientos. En una ocasión, le pedí a Debbie llevármelo en tren y encontrarnos con ella en Filadelfia. ¡Ese bebé gozó esa travesía en tren como nadie! Temprano en su vida, me di cuenta de que una de sus grandes pasiones sería viajar; desperté en José René el espíritu de aventura y descubrimiento. En otra ocasión, nos fuimos Eduardo, José René y yo, en tren a Washington, D.C.

Cuando José René tenía dos añitos, me encontré con Debbie en las montañas Pócono. Allí Jose se expuso, junto a su hermano mayor, al ambiente del esquí en nieve. Fue en ese viaje que le enseñé lo que era McDonald's. Creo que Debbie nunca me ha perdonado por enviciarlo con McDonald's, pero digo en mi defensa que eso desarrolló en José René su gusto por las comidas sólidas. Bueno, semisólidas, ¡porque lo único que le gustaba era chupar el interior de las papas fritas!

Volviendo al tema de Jose "el viajero", como regalo de sus 15 años, lo llevé nuevamente a Washington, D.C., para que pudiera conocer mejor la ciudad ya como adolescente. José René fue parte de la planificación del viaje; él sabía lo que quería visitar y por qué. Al llegar a cada lugar planificado, su cara se iluminaba, absorbía su entorno y luego disfrutaba de relatar los mejores momentos del viaje. En ese viaje, le cantamos feliz cumpleaños cada noche en cada lugar que visitamos. Uno de los momentos especiales del viaje fue verlo en el balcón de *Hard Rock Café* mientras un grupo de amigos y familiares le cantábamos, nuevamente, ¡*Happy Birthday!* Y así, nuestra complicidad continuaba evolucionando.

¿Recuerdan que mencioné que Jose es un agente de cambio? Él fue mostrando un interés en el golf. Comencé yo entonces a jugar y a llevarlo al campo para que desarrollara sus destrezas. ¡Y cómo las desarrolló! Se convirtió en mi coach. Luego, más adelante, estudió el deporte en una escuela especializada en Orlando.

¡Ah! Orlando fue otro momento icónico en nuestras vidas. Estando en un viaje de negocio, visité a José René con mis socios y lo invitamos a cenar. De camino al restaurante, tuvimos una de las conversaciones más intensas de nuestras vidas. Él comenzaba a explorar nuevas experiencias de vida y, como un joven especial de 18 años, tenía muchas preguntas y dudas. La relación de Jose y mía siempre ha sido de transparencia. Así que, cada pregunta la conversamos, y juntos crecimos. Pienso que ese día marcó el momento que Jose y yo establecimos lo que sería nuestra relación de adultos.

Pasaron los años y Jose logró obtener su Bachillerato en Deportes Recreativos. Al graduarse, lo recomendé para un puesto en el campo de golf del municipio de Bayamón, donde hoy se desempeña como instructor. Sin temor a equivocarme, los que han tenido la dicha de conocer a Jose y tenerlo como coach de golf, saben que es noble, auténtico y un gran amigo. Los que están por conocerlo al leer este libro, verán que no hablo sólo como madrina.

Al sol de hoy, Jose y yo continuamos siendo "cómplices de vida", nuestras conversaciones cada vez más profundas y enriquecedoras para ambos. Disfrutamos de la "salsa gorda", compartimos noches de ver películas, vamos a conciertos, disfrutamos de vacacionar en Puerto Rico, o sencillamente me visita en casa y conversamos. Próximamente planificaremos un nuevo viaje.

En fin, José René es el hijo que nunca tuve, el maestro de vida que muchos desearían tener. Yo entiendo que lo ayudé a despertar su interés por viajar y explorar, a ponerse metas más allá de sus limitaciones, y a ser siempre él sin importar las circunstancias o las opiniones. Sin embargo, él también me enseñó a mí lo que es la perseverancia, el empeño y la fórmula para vivir una vida plena con buena vibra.

¡Gracias, José, por darme tanto de ti!

Caddy 2: Mami

Aunque ya no está con nosotros físicamente, su huella quedará por siempre grabada en los corazones de todos en nuestra familia. Esto lo digo porque fue una madre ejemplar y porque también fue una abuela que se entregó de lleno a sus nietos. En los momentos que más ajorada yo estaba con las terapias de José René, con mi trabajo, y llevando a Eduardo y a Deborah a escuelas distintas, Mami siempre tenía espacio en su casa para cuidarlos, estudiar con ellos, darles meriendas, y compartir ese amor que sólo una abuela puede dar.

Jamás me dio quejas, sólo me decía "cógelo con calma". Siempre tenía la puerta abierta. Pero lo mejor es que jamás me dejó darle instrucciones de lo que había que hacer con ninguno de ellos, y menos con José René. "Mientras están conmigo, yo sé lo que tengo que hacer," me decía. Aun cuando la secuestraba el Alzheimer, se divertía con sus nietos y se deleitaba de sus caricias. Adoraba a los niños.

Siempre dije que, si yo llegara a ser una cuarta parte tan buena madre como ella, sería un éxito rotundo. Ella nació para acoger, arrullar, mecer y añoñar. Su seguridad y desprendimiento en el manejo de José René me calmaban el espíritu, sobre todo cuando mis baterías se agotaban y sólo quería echarme a llorar. Nuestras conversaciones sobre mis decisiones eran eternas y nunca nos llevaban a ninguna solución, pero nos divertíamos mucho hablando del presente y del porvenir. Siempre me decía que yo era muy valiente y que todo mejoraría.

Estaré eternamente agradecida por el bálsamo de paz, serenidad y amor que Mami me ofreció en todo momento, y sobre todo en esas ocasiones cuando mi cuerpo, mi mente y mi espíritu se sentían inmersos en una tormenta de emociones.

Caddy 3: Titi Sylvette

Mi querida hermana Sylvette ha sido siempre un ángel calladito en la vida de mis hijos y en la mía. Ella nunca escatimó en presencia y apoyo cada vez que la necesitábamos. Sylvette siempre estuvo ahí, dándome la mano durante todo el desarrollo, tanto de José René, como de Eduardo y Deborah. Ella llevaba una agenda de trabajo y de gestiones personales muy distinta a la mía, y en todo momento sacaba de su tiempo para ayudarme cuando yo tenía compromisos y no podía recoger o dejar a mis hijos en la escuela. Al igual que Mami, Sylvette jamás esperó reconocimiento, pero sus galardones se los ganó con creces. Sin querer queriendo, y con la paciencia de un ángel, aportó a los valores de mis hijos manteniéndose completamente imparcial en los momentos más dramáticos y críticos que vivimos como familia. Su cariño y su estructura, similar a la mía por crianza, hacía que todo fluyera; hacía sentir a José René tan bien que, cuando estaba con ella, ¡él ni me extrañaba! Para ella, las palabras sobran, pero su compromiso con los que ama ha sido y seguirá siendo impecable. Nuestra vida sin su presencia no sería la misma. Es un ser iluminado que nos conoce a fondo y que siempre ha sido cómplice de mis sueños e ilusiones en todos los aspectos. Gracias a su apoyo con mis hijos, renací profesionalmente cuando logré crear lo que es hoy el primer centro de terapia acuática en Puerto Rico. Ella siempre nos tendió su mano, aun cuando nadie creía en nuestro proyecto.

¡Te amo, Sylvette!

Caddy 4: Leonard A. Lauder

Mi jefe, Leonard A. Lauder, fue uno esos ángeles que se presentó de la nada, en uno de los momentos más difíciles que enfrentábamos mi esposo y yo con José René. Él hizo lo que jamás hubiésemos imaginado para ayudarnos, sin ni siquiera ser familia.

Cuando llevamos a José René al Children's Hospital de Filadelfia a hacerse la cirugía del cráneo (con sólo tres meses de nacido, cabe recordar), los médicos encontraron que el bebé tenía un problema cardíaco y por eso, después que ya todo estaba listo para operarlo, decidieron cancelar la intervención.

Habíamos comprometido todos nuestros recursos para el viaje, para la estadía en el hotel antes, durante y después la operación, y para los gastos médicos. No sabíamos qué hacer cuando nos dijeron que habían cancelado la cirugía. ¿Regresar a Puerto Rico? ¿Quedarnos a resolver el problema cardíaco del bebé para luego operarle el cráneo? Si no le operábamos el cráneo en ese momento, el niño podría sufrir daños cerebrales ¿Arriesgarnos a operarle el cráneo sin atender el problema del corazón? Eso pondría su vida en riesgo. ¿Buscar más opiniones médicas u otro hospital? Eso no era viable porque el cirujano especialista que conocía a fondo el caso de José René estaba en el Children's Hospital.

¡Estábamos desesperados! Tan así que, caminando con mi esposo por la acera en las afueras del hospital, empecé a llorar como una magdalena. De repente, un señor alto y muy distinguido nos pasó por el lado y se detuvo un instante para mirarme. *"I know you!"*, me dijo. Para mi sorpresa, ¡era el presidente de Estée Lauder (Clinique), mi compañía! *"I know you too!"*, le respondí, *"You are my boss!"*.

Por pura casualidad, coincidencia, o tal vez divina providencia, ese encuentro inesperado cambió nuestras vidas. Nos preguntó qué sucedía y por qué estábamos en Filadelfia. Le hicimos todo el relato de la cirugía de José René – que se había cancelado, que le habían encontrado el problema cardíaco, y demás. Tomó notas en una libreta, nos dio su tarjeta de presentación y nos dijo que trataría de hacer algo por nosotros.

Al día siguiente, recibimos una llamada del hospital para que fuéramos a reunirnos con los médicos. Nos dieron la grata noticia de que la condición de corazón de José René había sanado. Los médicos estaban atónitos porque cuando lo reexaminaron, no encontraron problema alguno con su corazón. Muy humildemente se disculparon por hacernos pasar tan mal rato, y aceptaron que había cosas que ellos mismos no podían entender. La cirugía del cráneo se puso en agenda nuevamente.

¿De dónde surgió este giro positivo tan de repente? Resulta que el Sr. Lauder, ¡era uno de los grandes decanos del Children's Hospital de Filadelfia! Yo había visto en su tarjeta de presentación algo referente a ser un decano, pero jamás hice la conexión entre el presidente de una empresa de productos de belleza con una institución médica.

Gracias en gran parte a las gestiones de Ibis, mi jefa de Estée Lauder (Clinique) en Puerto Rico, Leonard movió cielo y tierra en el hospital para que se reconsiderara el caso de Jose, lo reexaminaran, y se procediera con la operación del cráneo. Cuando le dieron el alta y fuimos a pagar la cuenta médica, nos indicaron que no debíamos ni un solo centavo. Y, varios días después, cuando salimos del hotel para regresar a Puerto Rico, la cuenta de nuestra estadía también estaba paga. Leonard A. Lauder había cubierto todos nuestros gastos. Estaré por siempre agradecida por ese enorme gesto de bondad, desprendimiento, generosidad y compasión.

Al llegar a Puerto Rico, mis compañeros de Estée Lauder (Clinique) habían organizado un gran recibimiento en el aeropuerto, con todo y banderines de "Bienvenido", además de un enorme peluche de Mickey Mouse para José René. ¡Qué emoción aquella de ver y sentir la manera tan genuina en que una empresa se convirtió en "familia"!

Más allá de darnos ese apoyo y cariño fraternal, la compañía se encargó de asegurar nuestro bienestar. José René tenía que recibir varias terapias en el Children's Hospital de Filadelfia después de su operación. En lugar de viajar constantemente con el bebé, decidimos mudarnos a Wilmington, Delaware, donde mi esposo haría su residencia médica, y porque ahí estábamos muy cerca de Filadelfia. No tuve que renunciar a mi empleo, pues mi compañía me permitió trabajar remotamente desde Delaware manteniendo todos mis beneficios, y viajando periódicamente a Nueva York y Puerto Rico. Eso era algo muy inusual, casi inexistente en esa época, especialmente para una mujer. Vivimos año y medio allá hasta que terminaron las terapias de Jose y mi esposo completó su residencia.

Cuando nos mudamos nuevamente a Puerto Rico, mi puesto en la división de Clinique de Estée Lauder siguió siendo mío, pero no por mucho tiempo. Habíamos decidido mudarnos al campo, en las montañas de Aibonito, donde se le presentó a mi esposo una magnífica oportunidad de trabajar como socio en una clínica de cirugía ortopédica pediátrica. Además, el ambiente tranquilo y natural del campo era magnífico para trabajar con la modulación sensorial de José René. Mis oficinas estaban en San Juan, y aunque la empresa hizo todo tipo de arreglos para que me quedara, los viajes ida y vuelta, especialmente de noche, resultaron ser demasiado. En una ocasión, ¡por poco tengo un accidente con los niños en el carro! Con mucho dolor, y por el bienestar de mi familia, tuve que dejar mi empleo. Esos 12 años que estuve en ese trabajo me enseñaron lo que es una empresa basada en verdaderos valores humanos.

Poco después de mi partida de Clinique, relocalizaron a todo el personal y se cerró la oficina de Puerto Rico. Todo pasa a su debido tiempo, pero el sentido de aprecio y gratitud se queda por siempre grabado en la mente y en el alma.

Caddy 5: Laurie

Laurie es una de las personas más amables y generosas que jamás haya conocido. Es mi antítesis, mi opuesto, mi bálsamo de paz y alegría. Aún hoy día, cuando nos reunimos, me hace reír como nadie. José la adora y se divierte muchísimo cuando comparte con ella.

Nos conocimos por coincidencia, cuando estábamos haciendo arreglos para mudarnos a Delaware, donde mi esposo haría su residencia médica. Asistimos a una fiesta para varios médicos residentes y ahí estaba Laurie. Hicimos una conexión inmediata que ha perdurado hasta el presente. Vivíamos relativamente cerca y compartíamos casi a diario. Laurie y yo íbamos de compras juntas, hacíamos jogging, íbamos al gimnasio, a la repostería y hasta salíamos a recoger frutas de temporada. Ella también tenía dos hijos de la edad de José René, lo que le dio la fantástica oportunidad a mi hijo de relacionarse con otros niños sin tener que matricularlo en un cuido. Cuando se juntaban, parecían hermanos.

Debo decir que Laurie fue instrumental en enseñarme a cómo lidiar con un niño especial. Yo era una total principiante en eso y, ciertamente, me hacía mucha falta ese apoyo, esa dirección para manejar la situación con calma, sin sufrimiento y entendiendo las bendiciones que vienen atadas a esa lección de vida. Ella también tenía un pariente con necesidades especiales, que quería y respetaba mucho. Hablaba de él normalmente, como se habla de cualquier familiar, sin juzgarlo ni ponerle etiquetas. Y a sus hijos los trataba igual, sin tomarlos muy en serio y distrayéndolos para hacerles cambiar su comportamiento. Fue esa experiencia la que me abrió los ojos y me permitió aceptar mi situación con el corazón en mano y la mente abierta. Aprendí de Laurie que nos merecemos honrar toda característica de nuestra personalidad, y a aceptar que siempre estamos excelentemente bien, pese a nuestra situación.

Gracias, Laurie, por ayudarme a encontrar el lado auténtico de la vida cuando más necesitaba verlo.

Caddy 6: Libby

Cuando regresamos a Puerto Rico de Delaware, como expliqué anteriormente, nos mudamos al campo en Aibonito. Yo tenía que salir muy temprano para llevar a José René a sus terapias en Ponce, Caguas o el pueblo que fuera, para regresarlo a la casa y luego yo ir a trabajar en San Juan. Cuando podía, lo dejaba a él en casa de mi mamá en San Juan y lo recogía cuando salía de la oficina. Era una rutina agotadora.

Claro está, cuando regresaba a Aibonito, no tenía energías para atender la casa, más aún cuando sabía que tenía que levantarme temprano al día siguiente para las terapias de José René. Para ser honesta, nunca fui muy fanática de ser ama de casa. Eso de estar limpiando y haciendo quehaceres hogareños no es para nada divertido. Cocinar y ser anfitriona de reuniones y fiestas, eso sí; pero lo demás, no tanto. Obviamente, por mi familia, por mi hijo y su progreso, tenía que hacer el esfuerzo. Él necesitaba muchísima atención y yo necesitaba un respiro.

Fue entonces cuando llegó **Libby** a nuestro hogar. Fue como un regalo inesperado, el pote lleno de oro al final del arcoíris. Ella era una nana de California y tenía una niña pequeña. La contratamos para que nos ayudara con la limpieza y con los niños. Medía seis pies de altura, de ojos azules brillantes, tez muy blanca y unas 260 libras de peso. No hablaba español, pero hizo una conexión instantánea con mis hijos tan pronto entró por la puerta. Los adoraba y ellos a ella. Con José René, desarrolló un vínculo muy especial. Lo entendía muy bien y sabía cómo tratarlo. Y yo sabía que podía confiar plenamente en ella. Era la mejor encarnación imaginable de un ángel, y se presenció en el momento justo para cumplir su cometido.

Libby motivaba a José René mejor que cualquier terapeuta y él respondía maravillosamente a la manera como que ella se comunicaba y lo guiaba. Él se divertía con ella, y ella me permitía a mí tener una vida propia. Libby lo estimulaba a hacer cada vez más a medida que iba aprendiendo cosas nuevas. Era firme con él y se arriesgaba a llevarlo más allá de sus limitaciones. Ella me enseñó a ser firme también con Jose, porque entendía todo el potencial que él tenía.

Lo que me hizo admirar a Libby, más que nada, fue cómo educaba y estructuraba a su hijita en un pueblo donde no conocía a mucha gente, y sin hablar español. ¡Era un ejemplo de voluntad, apoderamiento y amor!

Ella era única. Me enseñó a cómo mantenerme plenamente productiva y activa, a ser fuerte ante toda circunstancia, a proveer para mi familia lo que fuera necesario, y a continuar una vida social y profesional, pese a las circunstancias que fueran. Y a mi hijo, lo ayudó a progresar como pocos han logrado hacerlo. ¡Gracias Libby por todas tus lecciones!

Caddy 7: Titi Lizby

Otro de esos grandes ángeles que me tendieron su mano fue **Lizby**, una prima mayor de José René. De alma aventurera y con personalidad rebelde, Lizby, junto a otros primos, llevaba a José René a sitios que yo jamás me hubiese atrevido llevarlo; y se divertía haciendo cosas con él que, gracias a Dios, ¡no me enteré hasta años más tarde que las hacía!

Recuerdo un día que le llevé a Jose para que lo cuidara en lo que yo hacía unas diligencias. Lizby no tenía hijos en ese entonces y su primito era "su bebé". Por su hiperactividad, Jose se escapó del apartamento y finalmente, ¡encontraron al niño más tarde en el ascensor del edificio! Pues, ¡yo no me había enterado de esto hasta que Lizby me lo "confesó" hace sólo unos meses! Me rio mucho cuando pienso en esto porque Lizby y su esposo son dos niños en cuerpos de adultos. Son súper divertidos y ahora tienen tres niñas y tres hermosas nietas. ¡Imagino el susto que habrán pasado con esa odisea de Jose!

Yo comparo mucho a Lizby con el personaje de Woody, de la película *Toy Story* de Disney – una líder inteligente, determinada y apasionada, que siempre vela por los miembros de su grupo. De hecho, al día de hoy, es fanática de todo lo que sea Disney, y le inculcó a José René esa afición por las películas, Mickey Mouse, y todas las cosas que le gustan a él de Disney. Tan era así que, cuando Jose tenía tres años y medio, la mamá de Lizby decidió llevarlo a Disney World por su cuenta. Yo estaba aterrorizada con la idea. Pero como ella lo consideraba "su único nieto varón", accedí al viaje, siempre y cuando lo llevara con un amarre en todo momento. Tal vez parezca cruel, pero debido a su hiperactividad, en realidad era por su propio bien. Yo tenía miedo que saliera corriendo y se perdiera en el parque, o se lastimara. Ese niño regresó de Orlando con una emoción y una energía incontenible, contagiosa y adorable.

Podemos decir que Lizby creó un pequeño monstruito con quien podía compartir el mundo de fantasía que ambos tanto disfrutaban. Para Jose, divertirse con su prima fue la mejor terapia, porque ella lo expuso a distintos estímulos y situaciones que le permitieron perderle el miedo a aventurarse, a hacer cosas fuera de su entorno regular.

Ahora, como adultos, siguen siendo cómplices y aliados en nuevas aventuras. Tan así, que José René es el padrino de confirmación católica de la hija de Lizby. Él siempre dice que ella es otra de sus "madres", junto a Tere y, claro está, yo.

La vida nos da sorpresas, como dice la canción, y una de ésas es ver cómo nuestros ángeles pueden llevar a nuestros hijos a lugares que nunca imaginaríamos.

Caddy 8: Celso

Celso es otro de esos ángeles que hizo su aparición cuando menos uno se lo esperaba. ¡Qué bendición fue ese encuentro!

Para ese entonces, Jose ya era un adolescente y había terminado con la terapia física que recibía. Era suficientemente funcional, estaba flaco, no tenía buena coordinación, y era grande y fuerte. Tenía una joroba, escoliosis, mala postura – se podría decir una postura como la de un jugador de *Nintendo* tirado en un sofá. Además, tenía poca tonificación muscular y sus músculos centrales del abdomen y la espalda estaban débiles.

Para rectificar estas condiciones fisiológicas y evitar un mayor deterioro, los médicos recomendaron que usara un aparato ortopédico. Pero encontrar uno que le sirviera y no le causara molestias fue un verdadero reto. Nada parecía funcionar. El muchacho estaba creciendo a toda velocidad y pronto mediría más de seis pies de altura.

Yo quería que él hiciera ejercicios de rectificación mientras encontrábamos una solución que no requiriera un aparato. Fue entonces cuando apareció Celso.

Al sobrino de Celso lo habían operado de la cadera, y Celso lo llevaba a recibir terapias en mi centro de terapias acuáticas. Él hablaba mucho con José René y en una de esas conversaciones, descubrí que Celso también era entrenador personal. ¡Ahí estaba la solución que buscábamos!

Me animó mucho ver que Jose hablaba con Celso y confiaba en él, porque Jose posee una capacidad intuitiva de reconocer a la gente que conviene y quién no. Algo tenía Celso que hacía a José René sentirse cómodo. Hablé con Celso para saber si le interesaría trabajar con Jose y aceptó hacer un intercambio de servicios. Yo ayudaría a su sobrino y él a mi hijo. Todos salimos ganando.

La terapia que recibió José René de Celso fue espectacular. Se puso más fuerte, desarrolló sus músculos, sus abdominales, y logró una mejor postura. Decidió hacer terapia acuática para seguir tonificando sin impacto, y la combinó con terapia terrestre de una manera divertida. A medida que Jose mejoraba, también lo hacía el sobrino de Celso, y ambos terminaron sanándose al mismo tiempo.

Jose estaba comprometido a no dejar que los esfuerzos de Celso fueran en vano y continuó haciendo sus ejercicios por bastante tiempo. A sus 34 años de edad, mantiene una buena postura, pero con una leve joroba en el cuello que, por más que se lo diga, ¡es producto de usar mal el celular!

Este caso en particular demostró que se puede llegar mucho más lejos de lo que los neurólogos y ortopedas puedan esperar. Para ellos, aquí la única solución era un aparato ortopédico y, tanto José René como Celso, demostraron lo equivocados que estaban.

Como gesto de gratitud por todo lo que Celso hizo por él, José René me pidió que pintara un cuadro para regalárselo. Celso era un hombre humilde, padre soltero, comprometido con servir a los demás sin recibir nada a cambio. Cargaba con un sinnúmero de problemas, pero ninguno lo desviaba de su misión. Me inspiré para hacer el cuadro y pinté un abstracto de múltiples colores que reflejaban lo que yo veía en él. Cuando le enseñé la obra terminada, Celso vio en ese abstracto exactamente lo mismo que yo había imaginado: un chamán indio que había venido a curar, apoyar y liderar a otros. Quedé impresionada con su sensibilidad. Fue un verdadero chamán para mi hijo, uno que José René llegó a apreciar profundamente y de quien aprendió a tener un sentido de amabilidad y cariño que yo jamás, de ninguna manera, se lo hubiese podido enseñar.

¡Gracias Celso por darnos tanto de ti y por tus muestras de cariño y sensibilidad!

Caddy 9: Paulina

Dicen que cuando el estudiante está listo, aparece el maestro; y cuando el estudiante está completamente listo, el maestro desaparece. Pues, en la vida de José René, lograr con éxito los pasos que le brindaron independencia, autonomía y la capacidad de ejercer su buen juicio sin ponerse en riesgo, fue un largo proceso de aprendizaje que lo dejó completamente listo para enfrentar todo tipo de retos.

Desde niño, Jose siempre quiso ser como sus hermanos y, hasta cierto punto, lo era. Pero ya cuando Eduardo y Deborah eran universitarios, Jose comenzó a darse cuenta que tendría que dedicar más tiempo y esfuerzo si quería hacer estudios de bachillerato como lo hicieron sus hermanos. Asimismo, comenzó a percatarse que, para llegar a la universidad y para que lo aceptaran en un trabajo formal una vez se graduara, tendría que transportarse por su propia cuenta.

Él nunca había querido guiar y, desde que estaba en la escuela superior, tomaba una guagua o el Tren Urbano todos los días, igual como lo hizo cuando entró a la universidad. Aunque no le gustaba, sabía que tenía que moverse y lo hizo sin problemas.

Durante esta etapa de su desarrollo, **Paulina**, una maestra amiga de la familia, llegó a su vida. Fue otro ser caído del Cielo. Con una paciencia inimaginable –al 300 % digo yo–, se integró mágicamente al progreso académico de José René. Ella lo ayudaba con sus tareas y con sus destrezas de organización para que pudiera completar sus estudios. Lo entusiasmaba y lo motivaba porque nunca lo juzgaba. Fue una maestra amorosa y diligente. Aunque ella no se dedicaba en sí a ayudar a personas con necesidades especiales, le brindó a Jose exactamente la comunicación y el nivel de determinación que necesitaba. Jose llegó a ganarse el respeto y cariño de sus maestros, y Paulina se aseguró de que él cumpliera su plan de estudios.

Ella lo asistió hasta su graduación de bachillerato, pero más que eso, lo motivó a soñar confiadamente con su independencia. Tan grande fue su aliento, que lo convenció de que tenía que empezar a guiar si quería lograr sus objetivos profesionales de dar clases de golf.

Así, a sus 28 años, José finalmente decide tomar clases de guiar y estudiar para el examen de la licencia temporal y luego la práctica. Paulina lo acompañó paso a paso durante todo este proceso. Yo pensé que tomaría años antes de que pudiera guiar por sí solo. Afortunadamente, su maestro era una maravilla y, aunque tardó meses en estar listo para tomar el examen, lo pasó.

Fue una emoción grande verlo dar ese paso hacia su independencia. Al mismo tiempo, fue aterrador; me quería morir del miedo. Quería que lograra su independencia, pero este episodio le abriría la puerta al peligro y a andar solo por el mundo. Sabía que tenía que tragarme el miedo, como lo hice con mis otros hijos, para darle ese pasaporte al mundo de adultos.

Este fue un salto cuántico para José René, gracias al apoyo, la transformación y la madurez que Paulina le impartió. No hay palabras para dar gracias a esta súper *caddie* que le dio el *Big Bertha*, el palo preciso que le permitió salir adelante con un tiro perfecto de energía positiva y confianza en el mundo externo, desconocido por él hasta ese momento.

Sé que me quedo corta en agradecer a otro sinnúmero de ángeles que aportaron al desarrollo de José René, pero que se hace imposible mencionarlos aquí a todos. Ellos saben quiénes son, y no tienen la menor duda del profundo aprecio que les tengo por demostrarme que la vida es un lindo viaje que todos nos merecemos disfrutar al máximo.

CAPÍTULO 4

The Golf Pro
José René cuenta su historia

Ahora me toca a mí contar mi historia. Como han leído, y como dije al principio del libro, le di muchísimo trabajo a mucha gente desde que nací. Les aseguro que no lo hice a propósito. Pero en serio, agradezco mucho todo ese apoyo, cariño, comprensión, buenos ejemplos y buenas vibras que me ayudaron a ser quien soy hoy. Me siento súper afortunado de haber podido contar con TODOS los *influencers* que han sido parte de mi desarrollo como persona – mi mamá, mi hermano y mi hermana, mi Titi Tere, mi Titi Sylvette, mis abuelos y primos, mis terapeutas y el equipo de ángeles que ya mencionó mi madre.

Desde que recuerdo, me costaba mucho trabajo hacer cosas que para otros parecían fáciles. Me refiero a cosas tan básicas como caminar, hablar, leer, o entender algo escrito. Pero, para mí, todo eso siempre fue parte de mi vida. Nunca me pareció una lucha. Era simplemente parte de mi rutina, algo que tenía que hacer para alcanzar una meta y luego seguir para la otra. *Go with the flow!*, como dicen en inglés. Es la manera más fácil y positiva de vivir la vida.

Claro, esto lo puedo decir ahora como adulto, porque de niño y adolescente no entendía bien que yo necesitaba todo ese ejército para ayudarme a seguir adelante. Y ahora como adulto, también entiendo que lo que más me ayudó a lograr mis metas fue que todos ellos siempre lidiaron con mi situación de manera natural, sin mostrar frustraciones, y dándome ánimo y apoyo en cada logro que alcanzaba. Siempre sentí que lo hacían todo con mucho aprecio. Ahora entiendo que vivía en una especie de "burbuja", pero en esa época yo solo lo veía como mi ambiente natural.

No sé qué hubiera pasado si mis *influencers* hubieran hecho las cosas de otra manera, pero sí puedo decir que me hicieron sentir en todo momento que, aunque tuviera que poner un poco más de esfuerzo en algo, yo podía hacer lo que me propusiera. Y así ha sido hasta ahora – todo lo que me he propuesto en la vida, lo he logrado. Uno tiene que seguir sus sueños y nunca quitarse. ¡La paciencia y la persistencia sí dan resultados!

Para hablarles un poco sobre mí, nací el 12 de julio de 1990 y, como leyeron en el capítulo donde habla mi madre, volví a "nacer" nuevamente tres meses después, cuando me operaron el cráneo. Me encanta la música buena, pero especialmente la salsa "gorda", como ya saben. Y sí, creo que eso empezó cuando mi padre puso música de Rubén Blades en la sala de parto cuando nací, como contó mi madre. De hecho, les confieso que muchas veces cuando voy solo al campo de golf, juego escuchando música – y me tiro un bailecito de vez en cuando, ¡aunque los que me vean se crean que no ando bien de la cabeza!

También me encanta viajar, más bien me fascina. Me gusta ir al cine, jugar vídeos, correr bicicleta (escuchando música, claro está), y salir con mis amigos y primos. ¡Ah! también comer, comer cosas ricas – mantecado, hamburguesas, papas fritas, e ir a restaurantes buenos... especialmente si alguien paga.

Crecí en una familia muy unida, que me respaldó mucho siempre. Eduardo, mi hermano mayor y Deborah, mi hermana menor, me ayudaban todo el tiempo y fueron una gran inspiración en mi vida. Éramos un *threesome* inseparable. Y mi madre, que completa nuestro *foursome*, ¡ni se diga! Ya han leído sobre todo lo que ha hecho por mí.

Lo bueno de ser el hermano del medio es que se aprende del mayor y luego puedes enseñar al menor. Bueno, en mi caso, tengo que admitir que aprendí mucho de la menor de la casa porque era mi compinche y siempre estábamos juntos. Jugábamos juntos todo el tiempo, montábamos a caballo, corríamos bicicleta y todo eso. Ella me servía de intérprete y era como una terapeuta del habla, porque me obligaba a pronunciar con claridad. Disfrutamos mucho la música – nos comunicábamos mucho escuchando distintas canciones de salsa y todo tipo de música, en español y en inglés.

Eduardo también me ayudó mucho con lo del habla y con lo de caminar bien. Me animaba a hacer cosas que para mí eran difíciles, pero él sabía que yo podía hacerlas, y me enseñó cosas "de grandes" – andar con sus amigos, vestirme bien, jugar deportes y todo eso que nos gusta hacer a los varones cuando vamos creciendo.

Ya que hablamos de deportes, definitivamente el golf es lo mío. Me encanta porque me siento que estoy yo solo en el campo compitiendo conmigo mismo. Los deportes en equipo no me gustan para nada. Mi madre, bendito, trató una vez de meterme en un equipo de béisbol, pero eso no funcionó. Prefiero deportes que pueda practicar yo solo. Me gusta el baloncesto, pero cuando voy a la cancha es a tirar la bola al aro yo solo, no a jugar con otros. Cuando corro bicicleta, viajo varias millas, muchas veces desde mi casa hasta el Castillo del Morro en el Viejo San Juan, ida y vuelta. Y cuando estoy en el campo de golf, ya saben, ahí estoy en mi mundo.

Desde muy niño me ha fascinado el golf. Empecé con un palo de escoba dándole a todo lo que parecía una bola. Recuerdo muy bien esos palitos de plástico que mencionó mi madre. Jugaba con ellos horas de horas en el campo y hasta practicaba dentro de la casa. Muchas veces, cuando pequeño, me tiraba sobre la grama acostado boca abajo para inspeccionar el terreno y le daba a la bola con la punta del palo, como si estuviese jugando billar. Era mi manera de asegurar un tiro "perfecto".

Mi héroe, sin dudas, era Tiger Woods. Quería ser como él, imitaba su swing, me vestía como él, muchos de mis juegos de *Nintendo* o *Play Station* eran de él, veía todos los torneos en los que él jugaba, y leía artículos de revista que encontraba sobre él y sobre golf. También seguía a otros jugadores, pero mi campeón era Tiger. No me gustaba cuando se ponía antipático y tenía sus malas mañas, pero en el deporte, era número uno. Él fue el que me inspiró a hacer una carrera del golf. Recuerdo que, cuando tenía 12 años, le enseñé a mi madre una revista de golf que tenía una foto de un niño de diez años jugando con un solo brazo. Decidí en ese momento que iba a ser instructor de golf para niños con impedimentos, que es lo que hago ahora.

Mi madre me dio todo su respaldo para que yo pudiera convertirme en golfista. Me dejó saber que Tiger, desde muy niño, entrenó y estudió mucho para llegar a donde estaba. Fue entonces que empecé a prestar más atención en la escuela, especialmente los cursos que me ayudaban a entender mejor cómo llevar la cuenta de mis tiros y cómo llenar el *score card* (tarjeta de puntuación). Tomé clases de golf, fui a un campamento y mi juego siguió mejorando.

Al mismo tiempo, mi madre me orientaba diciéndome que, si quería algún día ser instructor, tenía que expresarme mejor y hablar con más claridad para que los estudiantes pudieran entenderme bien. Eso me motivó mucho con mis terapias del habla, me hizo enfocarme más en mis estudios y empecé a compartir más con otros estudiantes en la escuela. Esto eventualmente me llevó a obtener mi diploma de escuela superior del Instituto Modelo de Enseñanza Individualizada (IMEI).

Mis hermanos, mi padre y mi Titi Tere también me animaron mucho a seguir adelante con el deporte. De hecho, un cuento cómico sobre mi progreso en el golf es que gracias a ellos –sobre todo a Deborah– ¡fue que pude ponerme zapatos de golf! Yo no sabía cómo amarrar zapatos de cordón; era un desastre total en eso. ¡Por eso siempre usaba tenis o botas de velcro! Pero, para usar los zapatos que se necesitan para jugar en el campo, tenía que aprender a amarrármelos. Creo que tenía 12 o 13 años cuando finalmente aprendí. Me cuenta mi madre que mi instructor de golf la llamó todo emocionado con la noticia de que ya sabía amarrarme los zapatos de cordón. Desde entonces, juego con los zapatos que son, pero el resto del tiempo ando con los de velcro o ando desamarrado, con los cordones escondidos dentro del tenis. ¡Ahora es más bien una cuestión de mantener mi estilo!

Bueno, después de escuela superior, tenía que seguir para la universidad si quería ser un profesional del deporte. Eso lo sabía yo, y todo el mundo me lo decía. Había un pequeño problema –o varios problemas– con eso. Primero, en Puerto Rico no había una academia de golf para desarrollar instructores. Tendría que estudiar fuera de la Isla, como hizo mi hermano cuando estudió diseño en Barcelona, y mi hermana, cuando se fue a estudiar a Washington, D.C. y después a Chile. Sinceramente, yo no estaba listo todavía para dar ese paso tan importante. Además, para entrar a cualquier universidad tenía que tomar el *College Board* y eso era un reto que me preocupaba. Otro detalle era que yo no guiaba en ese entonces y tenía que transportarme en guagua o en el Tren Urbano.

Mi hermano Eduardo, respaldado por mi madre, me animó para que empezara poco a poco con mi educación universitaria. Me recomendó conseguir un Grado Asociado en computadoras. Me gustaban mucho las computadoras por toda mi experiencia cuando era niño jugando con video juegos y con otros aparatos electrónicos. Ese grado no era un reto muy grande y luego podía aplicarlo a otras cosas en el futuro. Con acomodos razonables, me aceptaron en la Universidad Metropolitana (hoy, Universidad Ana G. Méndez, Recinto de Cupey), que estaba cerca de una estación del Tren Urbano. Ahí completé un año y medio de estudios. Esta experiencia me sirvió para aprender a hacer más por mi propia cuenta y a relacionarme mejor con otras personas. Aprendí poco a poco a ir saliendo de mi "burbuja".

Pero el momento en que se reventó mi burbuja por completo fue cuando me aceptaron en la *Golf Academy of America* en Orlando, Florida. ¡Finalmente iba a estudiar golf para hacerme instructor!, pensé yo todo entusiasmado. Estuve año y medio estudiando lo que siempre quise. Logré cumplir esa meta.

Pero, ¡qué experiencia tan difícil! Era la primera vez en mi vida que viviría fuera de Puerto Rico y estaría yo solito. Había tenido antes la experiencia de viajar con mi madre, y con mi Titi Tere, y otros familiares. Me encantaba viajar, pero esta vez era algo muy distinto. Estaría yo solo, en una ciudad que no conocía, donde se hablaba inglés, y donde tendría que usar transporte público, caminar, o ir en bicicleta porque no guiaba. Yo tampoco sabía cocinar, lavar y planchar ropa, hacer compras, limpiar la casa, ni nada de eso – nunca lo había hecho en mi vida. Deborah, de nuevo, vino a mi rescate y me dio un curso intensivo en cómo ser un súper amo de casa, pero confieso que sentía bastante ansiedad con todo eso. Sí, estaba cumpliendo mi sueño, y sabía que estaba haciendo algo que me ayudaría a crecer como persona y como profesional de golf, pero también viví experiencias que no fueron buenas para nada.

Para empezar, la *Golf Academy of America* tenía muy buen nombre, pero entiendo que no recibí el apoyo que esperaba de ellos. Tomaba mis cursos y hacía mi práctica, pero no sentía que ellos estuvieran muy interesados en ayudarme a progresar. Yo no tenía ningún problema con las cosas que tenía que hacer en el campo. Me decían que era muy bueno jugando. Lo académico ya fue otra cosa, sobre todo la parte escrita y el área administrativa. Ellos estuvieron conscientes desde un principio de mis limitaciones, pero no vi que hicieran ningún esfuerzo para respaldarme y verme progresar. Siempre sentí que me trataban como un universitario regular, pero sin estar integrado por completo.

Hablando sobre esto con mi madre, llegamos a la conclusión que la academia estaba más interesada en el dinero y el número de estudiantes matriculados. Eso no me gustaba mucho, pero ni modo, era lo que había. Cuando vi que varios estudiantes que no tenían problemas con lo académico se dieron de baja, decidí que eso no me iba a pasar a mí. Iba a terminar mi curso, y así lo hice.

También tuve el problema de la vivienda. Me tocó compartir un apartamento con dos individuos que eran tremendas "joyitas". A las dos semanas de mudarme, me enteré que uno de ellos era alcohólico y el otro adicto a la cocaína, ¡y sólo tenían 20 años! Se pasaban despiertos o de fiesta a todas horas, me despertaban o no me dejaban dormir ni estudiar por lo intoxicados que estaban todo el tiempo. Siempre estaban buscando que yo les siguiera los pasos y compartiera con ellos. Fue una pesadilla que me abrió mucho los ojos porque yo nunca había estado expuesto a ese tipo de ambiente tan negativo. Fue muy triste ver a esos jóvenes desperdiciando sus vidas así. Yo pude mantenerme alejado de todo eso y a ellos los botaron de la academia por su abuso de drogas y sus fiestas locas.

Por suerte, como dice mi madre, siempre hay ángeles que te dan la mano. Después de aquellas dos "joyitas", tuve un compañero de apartamento, mayor que yo, que era todo un profesional. Todavía somos amigos. Él me enseñó mucho, especialmente a defenderme de gente que se quería pasar de lista. Igual, cerca de la academia vivían unos amigos de mis padres y una prima mía también vivía en Orlando. Ellos siempre estaban atentos a lo que me hiciera falta. Luego conocí a una vecina que siempre me daba la mano, y me hice amigo de otro vecino puertorriqueño con quien practicaba golf y me sacaba del apartamento. Me ayudaban con mis estudios y, de vez en cuando, me llevaban a hacer compras. Era tremendo alivio poder contar con ellos. Con estas amistades le cogí el gustito a disfrutar mucho de mis dos pasatiempos favoritos: que me inviten a comer a restaurantes buenos y explorar cosas nuevas.

Claro está, mi madre me llamaba todos los días (o yo a ella), y frecuentemente venía a visitarme ella, mi padre, Titi Tere, mis hermanos, o un(a) primo(a). Esas visitas las disfrutaba mucho porque podía compartir con ellos lo que estaba haciendo en la academia, ¡y me obligaban a limpiar el reguero que siempre tenía en mi cuarto! Además, gozaba mucho cuando me invitaban a almorzar o cenar en un restaurante, me llevaban de compras, o me pagaban la entrada a Disney.

Después de Orlando, regresé a la Isla con más experiencia y más seguridad en mí mismo. Decidí, gracias a Eduardo, hacer un Bachillerato en Deporte Recreacional en la misma universidad donde hice mi Grado Asociado.

Fue entonces cuando Paulina, la maestra amiga de mi madre que se mencionó en el capítulo anterior, hizo lo que nadie para que yo pudiera completar mi Bachillerato. Estudiaba conmigo, era mi tutora y orientadora, y me animaba a dar más, a esforzarme a leer y estudiar más. Me hacía buscar más información de la que daban en los cursos para que yo pudiera aprender cosas que me ayudaban a entender mejor las clases que tomaba.

Paulina también fue la que me hizo perderle el miedo a guiar un carro. Ella tenía mucha razón cuando me decía que, si quería conseguir un empleo serio después de terminar mi Bachillerato, tenía que saber guiar para transportarme fácilmente a mi trabajo. Necesitaba mucho ese empujoncito. Me asustaba tremendamente la idea de conseguir el trabajo que quería en un campo de golf ¡y no poder aceptarlo por no guiar! Además, para poder guiar un carrito de golf en un campo, hay que tener licencia. ¡Y estar pagando por Uber y choferes privados sale bastante caro! El resto ya es historia. Estoy guiando desde mis 28 años y tengo mi propio carro.

Para completar mi Bachillerato, me requerían hacer una práctica en algún deporte. Obviamente, escogí el golf. Mi madre trató de conseguirme una práctica en todos los campos de golf donde jugábamos cuando yo era niño y adolescente. Nada, ninguno quería abrirme la puerta, ni siquiera para recoger bolas en el *driving range* (campo de tiros de práctica). Finalmente, gracias a mi Titi Tere, a sus contactos en el Municipio de Bayamón, y a un cliente de mi madre que me dio su recomendación, me ofrecieron un internado de verano en el *Río Bayamón Golf Course & Clubhouse*.

Cuando terminó ese primer verano, comencé a ofrecer clínicas de golf en las tardes. No me ganaba mucho, pero no me importaba porque estaba haciendo lo que siempre soñé hacer y estaba trabajando en un lugar donde me sentía cómodo, libre y apreciado. Me dejaban ser yo como golfista y me permitieron crecer como persona y profesional. Me integraron como uno de la familia. De hecho, mi madre recientemente me comentó que ella había hablado con el Sr. Crespo, mi jefe cuando empecé a trabajar ahí, y él le dijo que me consideraba un gran ser humano y muy buen jugador; que mis destrezas eran excelentes y que algún día podría llegar a jugar profesionalmente en la PGA (*Professional Golf Association*). Inclusive, uno de los guardias de seguridad del campo también dijo cosas similares sobre mi trabajo y mi talento. ¡La verdad que eso sí es sentirse querido y respetado!

Poco a poco, mi base de clientes comenzó a crecer. Cuando no quedaban espacios en las clínicas, algunos padres me contrataban en privado para darles clases a sus hijos durante el semestre escolar. Estaba trabajando como un demente, sin importar la hora de entrada o salida.

De repente, llegó la pandemia del COVID-19 y el campo de golf cerró por cinco meses. Pensé que se me había acabado "el guiso" que tenía, pero no fue así, sino todo lo contrario. Había mucha gente desesperada por salir del encierro de la cuarentena y estar al aire libre. Mi práctica siguió creciendo como nunca. Me contrataron doctores, abogados, dueños de empresas y muchos profesionales que ahora son mis amigos. Tenía mi agenda tan llena que por poco tengo que renunciar a mi otro trabajo en el centro de terapias de mi madre, donde me encargo del mantenimiento de las instalaciones y sirvo de apoyo a los clientes. Obviamente, eso no sucedió. ¡Mi madre me mataba si le hacía eso!

Y así vivo ahora, entre el campo de golf, el centro de terapias acuáticas de mi madre, mis recorridos en bicicleta, mis *jangueos* con mis hermanos, primos, planificando algún que otro viaje que hago con mi madre, y siempre con hambre de algún día jugar en la PGA.

Es una vida plena y positiva que quisiera que más gente con necesidades especiales pueda tener. Lo repito, siempre es posible lograr lo que uno se propone si uno se concentra, enfoca su intención, enfoca su atención, y actúa con esfuerzo.

Entiendo que no todos tienen muchas de las oportunidades que yo tuve durante mi desarrollo: padres, hermanos, primos y familiares excepcionales; ángeles que ayudaron cuando más hacía falta; y un ambiente lleno de amor, aprecio y entendimiento. Pero también sé que, sin importar las circunstancias, uno tiene que poner mucho de su parte si quiere triunfar en la vida. Hay que tener sueños y pensar que el futuro será espectacular. Y hay que guiarse por unos códigos que te permiten vivir bien la vida. Los míos han sido éstos:

- Sé feliz aquí y ahora, en lo que sea que estés haciendo.
- Goza el presente.
- Siente la abundancia de cada día, de lo que tienes a la mano.
- Sé agradecido por el simple hecho de estar vivo.
- Fluye. *Go with the flow!*
- Cógelo con calma. No te apures tanto.
- Termina algo y sigue para lo próximo cuando estés listo.
- Nunca te rindas. Sigue siempre adelante, a tu propio paso.
- Toma decisiones cuando estés listo y comprendas bien lo que vayas a hacer.
- No te midas según otros se miden.
- Tómate tu tiempo y llegarás.
- Si algo no está para ti, algo mejor vendrá.
- Si hablan mal de ti, la cosa no es contigo sino con ellos.

A estos códigos voy a añadir unos consejitos que también me han ayudado mucho a disfrutar más la vida y a no tomar las cosas tan en serio:

- No gastes dinero en cosas triviales. Gástalo en comida, ropa y artículos de golf.
- Invita a tu madre y a tus hermanos a comer de vez en cuando a un restaurante.
- Si los quieres irritar, diles que no tienes dinero cuando llegue la cuenta de la cena.
- Cuando pongan salsa (o la música que más te guste), sal a bailar, y goza como si nadie te estuviera mirando.
- Sé siempre tú y verás que así te van a querer.

Espero haberlos inspirado, aunque sea un poquito. Sigan amando la vida con *buenas vibras* siempre.

ANEJO

Consejos para padres, familiares, amigos y cuidadores

Compartiendo en el Hoyo 19

Una de las actividades más gratificantes del golf es cuando los jugadores terminan de jugar el Hoyo 18, el último hoyo del campo, y se dirigen entonces a la Casa Club o el "Hoyo 19", como se le conoce figurativamente. En ese "Hoyo 19", se reúnen a hablar del juego, de sus aciertos y desaciertos, de lo que pudieran mejorar, de los tiros buenos y los no tan buenos. Van a brindar, reír, relajarse, y a intercambiar consejos e impresiones en un ambiente jovial de compañerismo inspirado por el deporte.

Siguiendo esta tradición golfista, queremos compartir, al estilo "Hoyo 19", varios consejos y experiencias que permitan a otros enfrentar positivamente cualquier situación que les depare el destino. Es decir, que logren sobrellevar su realidad actual con un mayor sentido de aceptación, calma, entendimiento, compasión, propósito, paz espiritual, felicidad y, como dice José René, con *buenas vibras*.

Como padres, cuando tocamos las vidas de nuestros hijos, ya estamos haciendo milagros. El simple hecho de poder aportar a la vida de otra persona es, en sí, una gran victoria. La vida es un privilegio, una oportunidad para tener un propósito único e individual. Por eso nos corresponde abrazar nuestras circunstancias y celebrar cada milagro que hacemos para alcanzar la felicidad. Fluir y estar presentes en cada momento, sin reparos y con buenos valores, nos ayuda a enriquecer nuestra trayectoria y las de los nuestros, a la vez que nos garantiza que recibiremos bondad.

Sin embargo, muchos padres que crían a un niño o una niña con necesidades especiales se sienten alarmados, confundidos, agobiados, y se cierran a las infinitas posibilidades que ese niño o esa niña tiene para salir adelante. Esto es entendible, pues esa nueva responsabilidad es una carga para la cual nadie está preparado. Somos totalmente ignorantes en este respecto hasta que nos toca vivir la experiencia de recibir la noticia de la condición distinta del pequeño, escuchar los diagnósticos, sentir el temor, el sentido de angustia, y experimentar el injusto estigma social que siempre acompaña estas situaciones.

Naturalmente, estos sentimientos nos frenan y nos hacen dudar de nuestras capacidades. Siempre vamos a tener esos momentos de crisis emocional que nunca se los mencionamos a nadie. Pero no tiene que ser así. Estos momentos de dudas se pueden sobrellevar con ayuda psicológica, con fe, y con el apoyo de amigos o familiares. El primer paso es realizar y aceptar con el alma limpia que esto es una labor de puro amor, las 24 horas del día, los siete días de la semana. Se trata de aceptar la realidad del niño o la niña en cada momento, y verlo todo tal y como es. Al hacer esto, comenzamos a establecernos objetivos reales que permiten que las cosas fluyan a su manera.

Todos necesitamos espectadores

En los torneos de golf, ningún jugador juega sin una audiencia, sin su grupo de espectadores. Estos aficionados gozan de ver cómo su jugador favorito demuestra sus habilidades en el campo. Imagínate a Tiger Woods haciendo un *birdie* (un tiro por debajo del *par*) en un hoyo súper difícil sin que alguien fuera su testigo. Como jugadores, sería inconcebible jugar en el torneo de la vida sin espectadores, sin testigos, sin fanáticos que nos alienten en los hoyos difíciles; sin voces que nos recuerden que no estamos solos en el *tee* dándolo todo por ganar, y que aprecien cómo logramos salir de los *sand traps*.

La realidad es que muchos padres de niños con necesidades especiales juegan sin espectadores. Hay factores de miedo, frustración, vergüenza y orgullo que hacen que estos padres escondan su situación y hasta sientan la necesidad de "esconder" también a sus hijos para mantenerlos "protegidos". Se encierran en una burbuja por un tabú social injusto, prejuiciado e irreal sobre esta población, o por nociones preconcebidas de lo que se espera de padres o cuidadores de personas con necesidades. Igualmente, se sienten paralizados por sentimientos de culpabilidad, de "¿Por qué yo?". A ellos, les invito a eliminar el ego y crearse un propósito que vaya más allá de sí mismos.

De otra parte, hay gente que no sabe bien cómo relacionarse con personas con necesidades especiales o con los padres de éstos. Estas personas no son buenos "espectadores", no por mala fe, sino más bien porque no están preparados mental y emocionalmente para lidiar con ese tipo de situación. Recuerdo un reencuentro muy emocional que tuve con una gran amiga del alma, después de muchísimo tiempo sin vernos. Poniéndonos al día sobre nuestras vidas, le mencioné del progreso que había hecho Jose y del proyecto de este libro. Quedó fascinada con lo que le contaba, a la vez que se le llenaban los ojos de lágrimas. Me confesó que, aquella vez cuando me visitó a las dos semanas de haber nacido José René, no podía contener su tristeza al ver por primera vez la condición de Jose. Dijo haberse sentido miserable, porque vino a visitarme con su hija también recién nacida, saludable, lozana y perfecta. Me dijo que quedó muy apenada al ver cómo la recibí con todo mi amor y alegría. De regreso a su casa ese día, tuvo que detener el auto para darle gracias a Dios por la salud de su hija y rezar por nosotros.

A estos espectadores "no tan buenos" pero de buena fe, les invito también a eliminar cualquier prejuicio que puedan tener sobre las familias de personas con necesidades especiales. No es una situación para "tenerle pena", sino una situación que merece comprensión y aceptación. Mi amiga del alma que me visitó, hizo desde ese día una conexión muy especial con José René.

Como terapeuta, he visto también muchos casos en que los padres no han podido ventilar sus emociones o su cansancio por la lucha que llevan a diario. El cansancio es real, constante y, de vez en cuando, como padres, nos cegamos con expectativas irreales de lo que podría ser. Pero no olvidemos que cada cual opina según sus propias experiencias, y la opinión o perspectiva de otros casi nunca concuerda con la realidad que vivimos. Cuando aceptamos lo que estamos enfrentando, sin hacer comparaciones, llevamos al niño a su presente preciso y a un estado justo de amor perfecto.

Recordemos también que nunca estamos solos en este proceso. Los grandes torneos de golf y los mejores golfistas son exitosos gracias a los auspiciadores que ofrecen su apoyo invirtiendo dinero, tiempo y recursos para que se pueda dar la organización de una competencia. Ellos aportan a los entrenamientos para los jugadores, al mantenimiento de los campos, del equipo y tantos otros aspectos importantes que facilitan la celebración de un evento deportivo.

De la misma forma, el éxito en el torneo de la vida requiere auspiciadores, facilitadores y seguidores que, sin estar metidos de lleno en el juego, aportan significativamente al éxito de los que sí están sudando en el juego. Hay muchas personas dispuestas a aportar al bienestar de personas con necesidades especiales, aun cuando ellas mismas no tienen a alguien con esas necesidades en su entorno. Ésos son los *caddies*, los ángeles a los que hemos hecho referencia en este libro; los que nos apoyan a lo largo de nuestro recorrido como cuidadores. Aceptemos abiertamente la ayuda que nos brindan estos *caddies*, e invitémoslos a entrar a nuestro entorno con mucha gratitud. Sentiremos profundamente el alivio que ellos nos ofrecen y cómo nos levantan el ánimo y el alma de manera especial.

No tenemos por qué echarnos encima toda la carga en todo momento. Cuando nos llega ayuda, hay que aprovechar la oportunidad de tomar un descanso y distraerse de cuando en vez – escuchar música, bailar, cantar y darle un buen abrazo a alguien. Hay que aprender a dar y recibir felicidad, y a aplicar nuestros conocimientos con amor y entendimiento. Así nos distanciamos un poco del cansancio y del estrés, recargamos el espíritu y salimos de la bruma que a veces nos nubla la mente.

Y, ya que hablamos de gratitud, éste es el sentimiento que más nos ayudará a sobrellevar nuestros retos. Cada vez que la practicamos, nuestra abundancia se multiplica, y con creces.

Tengamos también presente que debemos motivar y animar a nuestros hijos en todo momento para que logren avanzar en algo, por más pequeño que sea. Cuando lo logran, esa victoria se convierte también en un triunfo nuestro, uno que conllevó una inmensa energía y gran esfuerzo físico. Por eso, como cuidadores, debemos celebrar por todo lo alto hasta el más mínimo progreso que hagan, porque entendemos que ese pequeño triunfo es un gran paso en la dirección correcta.

Puede que haya personas en nuestro entorno que no se percaten del progreso, ni reconozcan el gran logro que alcanzó el niño porque no están envueltas en el proceso en el que estamos los padres o cuidadores. Esto no debe desanimarnos a seguir adelante. Verán que cuando la gente ya comienza a ver un cambio en el niño y ven su mejoría, se valida el esfuerzo y la inversión emocional que hemos hecho como cuidadores. Me encanta ver las caras de esas madres o esos padres que brillan de emoción cuando ven que sus niños progresan y comienza a realizar todas las posibilidades que tienen. Especialmente me encanta ver a los padres cuando el niño logra hacer algo que no se esperaba que lograría o llega a hacer algo por su propia cuenta. Es como un renacer para los padres, una validación y una recarga positiva para el ego.

Y sí, siempre queda esa interrogante de si el progreso se sostendrá o continuará. He tenido muchas veces ese temor de pensar que lo que ya se había adelantado podría desvanecerse o detenerse. En este caso, nos toca mantenernos positivos y ver cada progreso alcanzado como un primer paso.

Nadie sabe lo que es cuidar de un bebé en cuerpo de adulto hasta que vive esa experiencia. Algunos niños mejoran, otros se quedan igual, mientras que otros crecen físicamente pero su cerebro se queda rezagado. Ante esta realidad, tenemos que sintonizarnos con nosotros mismos, entender por qué Dios nos ha regalado esta oportunidad de dar esperanza. Así, comenzamos nosotros mismos a escribir el manual de instrucciones que nos guiará en el proceso, un proceso que es único e individual para cada familia que lo vive.

Un buen ejercicio para lograr esto es escribir y firmar un contrato personal que haremos con la situación. Pero no solamente escribirlo y firmarlo, sino también entenderlo a fondo, planificar las etapas que nos llevarán a alcanzar la meta y el sueño que buscamos. Y, una vez culminemos cada etapa, establecemos una nueva meta y seguimos adelante.

En este proceso, nuestro plan tiene que incluir, al mismo tiempo, todo lo que nos permita mantenernos saludables y tener éxito en nuestras carreras y en nuestras relaciones, tanto las personales como las espirituales y emocionales. La autorrealización es el mejor regalo que les podemos obsequiar a nuestros hijos. Los niños disfrutan de ver a sus padres felices y realizados. Ellos nos quieren emular y se inspiran cuando nos ven llevando una vida plena. Están más contentos cuando sus padres se ejercitan, tienen pasatiempos, se divierten, se cuidan y se ven saludables. Se sienten más seguros cuando ven que sus padres hacen todo eso por ellos porque les garantiza presencia y estabilidad. Los niños –sobre todo los que tienen necesidades especiales– son muy intuitivos y sensitivos, y créanme que conocen nuestras emociones mejor que nadie.

Mi consejo en cuanto a mantenernos realizados, saludables y contentos es tomarlo todo paso a paso, y no pensar mucho en ello. Debemos visualizar el cuadro completo ahora, dentro de un año, cinco años, y en adelante. Jamás lograremos controlar lo que el futuro les depara a nuestros hijos. Sólo podemos hacer todo lo que esté a nuestro alcance y confiar que el universo los colme de bienestar el resto del camino.

Los hijos saben cuán bendecidos son de tenernos y de sentirse protegidos de mil maneras. Aprendamos de esa certeza que ellos tienen de que les hemos cuidado dándoles todo lo que hemos podido. A fin de cuentas, es lo más que podemos hacer y, hagamos lo que hagamos, ellos crecerán, serán fantásticos y lograrán sus *hoyos en uno* a su manera.

Hago una invitación a visitar nuestra página web **www.wholeinonepr.com** para que compartan en ese espacio su experiencia de forma segura y privada, al estilo "Hoyo 19". Ahí también encontrarán una red de recursos, charlas y actividades dirigidas a generar más sensibilidad y más logros para esos niños de hoy que serán los adultos del mañana.

Pensamiento final

Tanto José René como yo esperamos haber cumplido con la misión de este libro, la misión de abrir almas y corazones, de generar compasión y crear un mayor entendimiento sobre esos seres que llamamos "especiales". De ellos recibimos grandes lecciones de auto-aceptación, autovalidación, resiliencia y amor puro, junto a mucha fe y confianza en los milagros de la vida. Éstas son enseñanzas que todos podemos poner en práctica a diario.

Sé que muchos padres pueden ver esos milagros, esas bendiciones en la vida de personas con necesidades especiales, sobre todo si son sus hijos – el aguante, la fuerza interna, la pureza de alma que tienen. Como profesional de la sanación, encontré la conexión a mi trabajo cuando empecé a entender mejor a José René. Me conecté más profundamente tratando de ser un poquito más como él; tratando de emular su bondad, su paciencia, su empuje y su naturalidad.

Deseamos, por tanto, que este recuento ayude a desarrollar más esa conexión verdadera, y que logre fomentar un mayor entendimiento sobre estos casos y, muy particularmente, sobre las realidades que enfrentan estas personas, junto a sus familiares y allegados. A medida que más se comunique la necesidad que existe de ayudar a esta población, se abrirán mayores opciones para que los padres cuenten con más espacios seguros de apoyo psicológico y emocional, donde puedan canalizar sus energías positivas, y donde puedan encontrar posibles terapias alternativas para el desarrollo temprano de sus hijos con necesidades especiales.

Queremos con nuestras palabras crear mayor conciencia y comunicar claramente el mensaje de que existen muchas ayudas y terapias disponibles para esta población. No obstante, hay alternativas de las que no se habla, que no se divulgan, porque la información no llega a los medios. Esta información debe dirigirse al público en general, y especialmente a esas familias que tal vez se sientan marginadas o imposibilitadas porque desconocen los servicios disponibles. En este respecto, buscamos animar a **la prensa y a los medios de comunicación** a orientar más al público sobre las posibilidades existentes, y a dar mayor cobertura a programas de terapias que impactan positivamente a estos seres tan fantásticos.

Nuestro deseo con este escrito es también que los padres vean siempre el potencial de sus hijos y que escudriñen cada posibilidad existente de fuentes externas que les brinden apoyo. Deseamos que los padres motiven a sus hijos –con intención y mucho propósito– a lograr sus sueños a corto, mediano y largo plazo, incluyendo sus metas personales, vocacionales y profesionales.

En este mismo espíritu, esperamos alentar y abrir la conversación a más **empresas e inversionistas** a que promuevan, integren y motiven el crecimiento y desarrollo profesional de posibles jóvenes empresarios con necesidades especiales, bien sea en sus compañías o impulsando micro-empresas. De igual manera, deseamos instar a las instituciones educativas y vocacionales a que fomenten y potencien las posibilidades de entrenamiento y educación postsecundaria en campos alternativos donde se desarrollen más empresarios con necesidades especiales.

Anhelamos asimismo que los **médicos y los profesionales de la salud** comiencen a ofrecer orientación a pacientes con necesidades especiales desde el momento que nacen, y en cada etapa de su desarrollo. Mediante el apoyo de los padres, de instituciones de rehabilitación y de voluntarios, se puede dar dirección a estas vidas familiares desde temprano. Así podrán desarrollar un mejor entendimiento sobre el proceso terapéutico, y cada tratamiento tendrá así un impacto más positivo en la persona que lo recibe, como también en las personas que le rodean.

Finalmente, esperamos haberlos motivado a seguir siempre pensando y actuando positivamente cuando se trata de luchar para sacar adelante a nuestros hijos en el juego de la vida. Sobre todo, esperamos que hayan podido internalizar que todo es posible cuando hay voluntad y empeño... que todos en este mundo merecemos vivir al máximo una vida plena... y que todos tenemos la oportunidad de lograr nuestros *hoyos en uno*.

Agradecimiento personal

Quisiera expresar de nuevo mi más profundo agradecimiento a todos los *caddies* silentes que, de alguna forma u otra, ayudaron a concretar este libro con su sabiduría y acción. A mis hermanos Eduardo y Deborah, por el privilegio inspirarme a lograr mis sueños. Al Hon. Ramón Luis Rivera, alcalde del Municipio de Bayamón, a Nessy Barnés, el Sr. Crespo y, todo el personal que me dio su confianza para ser parte del equipo de instructores de *Río Bayamón Golf Course & Clubhouse*. A todos mis maestros, mentores y clientes, quienes me inspiran y fortalecen mi misión de vida y me permiten seguir adelante con *buenas vibras*. ¡Gracias a todos de corazón!

José René

Printed in the United States
by Baker & Taylor Publisher Services